差异教育 成果丛书
Achievements on Differentiation Education

丛书主编：楼朝辉 施民贵

小学教师科研指南

庞科军◎著

ZHEJIANG UNIVERSITY PRESS
浙江大学出版社

图书在版编目（CIP）数据

小学教师科研指南 / 庞科军著. — 杭州 ：浙江大学
出版社，2016.2
ISBN 978-7-308-15458-1

Ⅰ．①小… Ⅱ．①庞… Ⅲ．①小学教育－教育研究
Ⅳ．①G622.0

中国版本图书馆CIP数据核字(2015)第307081号

小学教师科研指南

庞科军　著

责任编辑　谢　焕
责任校对　张一弛
封面设计　周　灵
出版发行　浙江大学出版社
　　　　　（杭州市天目山路148号　　邮政编码　310007）
　　　　　（网址：http://www.zjupress.com）
排　　版　杭州林智广告有限公司
印　　刷　浙江省良渚印刷厂
开　　本　710mm×1000mm　1/16
印　　张　14.25
字　　数　219千
版 印 次　2016年2月第1版　2016年2月第1次印刷
书　　号　ISBN 978-7-308-15458-1
定　　价　38.00元

目 录
CONTENTS

CONTENTS

CONTENTS

绪论　研究是教师学习的最佳路径

　　作为一名小学的一线教师，我发现我们有时会进入一个悖论：几乎没有一位教师觉得自己理论水平足够高，但同时，也没有多少教师积极、自主地进行研究，以提升自己的理论和实践水平。在日常的学校工作中，日复一日的研究状态基本上是这样的：要交文章了，逼一逼，写一点；要做课题了，逼一逼，写一点。当然，这种论述里面的假设是"写"是一种研究的显性状态。

　　这样的状态长期存在，里面蕴涵的问题可能是我们对教师研究的研究存在一些认识上的偏颇，或者是方法论上的欠缺，或者管理机制上的欠缺，或者是其他。

　　关于教师的研究，因为已经有很多的理论和实践著作论述其重要性，这里不再赘述。不管怎么论述，我们一线教师其实是要回答这么几个问题：我们喜欢研究吗？为什么（不喜欢或者喜欢）？如果不喜欢，是否可以改进？如果可以改进，怎么改进？

　　我们的很多调查研究虽然发现教师不太重视研究，但是，显性表现的背后，教师们又普遍认同研究的必要性。从我在不同学校的经历看，教师们对具体的研究问题是很感兴趣的，譬如"为什么学生计算6＋1等于多少总是错"之类的问题，几乎每个教师都思考过。所以，从教师成长的历程看，教师并不排斥研究（因为"喜欢"是一个情态词，有很强的个性差异，所以我们还是用"不排斥"以更清楚地表现教师们的情况）。

　　基于上面的逻辑推理，教师不热衷研究的原因主要还是研究与教师一线的工作不够契合。或者说，我们对研究的理解本身就不足。学术界也希望在此有所突破，有一段时间曾经大兴"案例"和"叙事研究"，但结果似乎也收获不大，为什么呢？是老师没有故事吗？是老师不会讲述吗？恐怕还是我们的评价机制出了问题。我见过一些标题很玄虚，但故事很一般的文章，我们在做"教育叙事"或者"教育案例"的时候，评价过多地处在"叙事"的水平和"撰写"案例的水平上，而这，其实不是最根本的。我们关注的更应该聚焦在两个方面：第一是这个叙事中到底有多少和教育有关联的实践，即这个研究问题的实践价值；第二是这个实践是有教育的思考和启发的吗，即这个研究问题的理论价值。文笔不是我们应该重点关注的，我们的文章往往会"偏文学化"，而没关注真正应该关注的"教育"。从这个意义上看，我们可以非常直接地给出"研究"的定义：凡是教师工作中，和教育有关联的所有思考和实践，都是研究的范畴。

那么，我们现在的研究存在的这些问题有没有改进的条件呢？现在看来，评价研究的文章，主动权不在学校，而且我们历来都注意"文风"的传统恐怕一时半会儿也不会有大的调整，但是，因为有更多的第三方评价的引进，同时，教师作为学习的管理者，提倡怎样的研究，怎样把研究和工作契合起来，关系到教师是否真正把专业成长和对学生教育方式的改变相结合，从而让每位教师有专业领域和专业幸福，进而在工作中会很自然产生一些文章、一些荣誉等"副产品"，教师不应该反过来思考这个问题，更不应舍本逐末地追求文章的"文笔"。

一线教师的"科研"，还涉及一个问题，就是我们究竟如何思考"科研"价值的问题。从我作为一线教师的经历看，在学校中，大约有三种"科研"价值存在——

第一种存在的时间比较早，我刚开始工作的时候（约20年前），科研作为一个学校的实力象征或者说一个教师的实力象征的意味比较重。当时，凡是学校成功申报省市的课题，都会增强学校的身份认同，当时的"实验学校"，多半是靠"科研"起家（但实际上，这些学校之所以在当时很有名，更切合实际的原因是实验学校在很多的资源占有方面具有优势）。

进入"新课程"以后，"问题"成为一种重要的取向，也就是说，科研是解决问题的。你有什么问题，就用科研的方法解决。这应该是不错的路径。要解决实际问题，当然要契合一线教师的工作实际，但这有两个前提，一个前提是问题找得准，另一个前提是方法用得对。从我多年与教师们的交流来看，这两个问题不是简单的问题。就简单的调查问卷来看，方法论上的细节也许值得我们研究一辈子，例如我们设计的调查问题怎么样才能让不同的受众都理解得清晰，就很考验设计者的文字功底和文化理解。同时，"问题"取向多少总有一些"应急"的味道，或者我们可以用"理论减法"更直接地思考这个问题：如果问题找不到，科研就不存在了吗？这从学理上似乎说不通。

所以，我个人觉得，科研在学校中的价值所在，除了解决问题、显示研究实力，更重要的是，科研是一种专业的存在。就是说，对于每一位专业的工作者，研究本身就是包含在专业的内涵里面的。为了使自己更专业，使自己的专业促进学生成长，研究就应该进行。

如果我们把解决问题比喻成科研的"治疗"效用，那么，专业的存在就是科研的"幸福"效用。如果，科研本身就是专业的内涵，则很多关于科研和学科的辨析、科研和工作日常的辨析，都会顿时消解掉，我们也才可能真正走进研究之门。

很久以前，在一个漆黑的秋天的夜晚，我泛舟在西伯利亚一条阴森森的河上。船到一个转弯处，只见前面黑魆魆的山峰下面，一星火光蓦地一闪。…………

然而，火光啊……毕竟……毕竟就在前头……

——[俄]柯罗连科 《火光》

第一章 研究的动力：寻找教育迷人的星空

人类一思考，上帝就发笑。

思考也许是人类的"特权"，要不，我们一定会说：为什么我们要不断地思考呢？

关于思考，请先来听我讲一个故事——牛顿的苹果树。

据说很多人到剑桥，总想到牛顿的苹果树下坐一坐，但从来也没有苹果掉到头上。

其实，就算苹果掉到了我们的头上，我们的第一反应，恐怕也不是提问：为什么苹果总是往下掉，而没有往天上飞？如果有一天苹果真砸到了我们每个人的头上，我们的反应大概会是这样：要么是勃然大怒，怎么回事，苹果落到了我的头上，去找主人理论一下，这是被砸昏了头；要么是欣欣然地想，哈哈，这苹果还不错，虽然头有点痛，但总归白得一个苹果，这种态度我们似曾相识，比如在一个名字叫"守株待兔"的故事里；

要么就是大手一挥，不管它，还有更重要的事情呢！

可惜，我实在不太容易想到，我们会去思考：这个苹果怎么没有飞到天上去呢？

苏霍姆林斯基说："如果你想让教师的劳动能够给教师带来乐趣，使天天上课不至于变成一种单调乏味的义务，那你就应当引导每一位教师走上从事研究这条幸福的道路上来！"[1]

出于对研究的重视，我们很多学校确实也是竭尽所能提供研究条件，但老师们就像看到那个掉下来的苹果，没有好奇，没有思考，最多也就停留在"听听激动，做做不动"的消极研究状态。一线教师的科研，最缺少的恐怕不是专家引领，也不是高端培训，而是研究的热情、勇气，以及由此而延伸出来的与自我兴趣吻合的实践和契合自己的阅读习惯。

第一节　好奇：永恒的研究动力

我和一些老师交流对研究的看法的时候，我总是喜欢以这个故事作为开头——

非洲有一个民族，一向居住在草木屋内，晚上燃火照明。后来，"文明人"来了，告诉他们电灯比燃火照明要好得多。于是，所有的草木屋都装了电灯。一年之后，这些草木屋都轰然倒塌了。

然后我问，现在大家有什么问题吗？几乎所有的老师都会问："这是为什么呢？"

哈哈，这就是我要的回答。

如果我们对教育也是时刻在问"为什么"，会怎么样？我们在教育教学中，总会遇到那些让我们捧腹大笑的事情，总会遇到那些让我们顿足捶胸的事情，这时我们总是会想：怎么会有这样的事情？这说明你对此产生了好奇心，很好。你的思考，对教育的好奇，就是研究不竭的动力。

---

[1] 苏霍姆林斯基. 给老师的建议[M]. 北京：教育科学出版社，1984.

　　现在我们再回过头来说说什么是好奇心：好奇心是人对自己不了解的事物感到新奇而有兴趣进行探究的一种心理倾向，它是推动人们主动求异并进行创造性思维的内部动因。著名科学家爱因斯坦多次表示："我没有别的天赋，我只有强烈的好奇心；我没有什么别的才能，不过喜欢寻根究底地追究问题罢了。""提出一个问题往往比解决一个问题更重要。"中国古代的大教育家孔子也说："知之者，不如好之者；好之者，不如乐之者。"[1]

　　这里需要说明的是，我们讨论的是"教育的好奇"，不是广泛意义上的"好奇"。（关于对此观点的澄清，在下一章专门会讲到，我觉得是理性思考的第一要务，如果有兴趣可以参见41页）我以自己的一个小故事来说明，对教育的好奇是多么重要——

【案例1-1】涂黑的本子

　　工作了大约五年的时候，我遇到一个学生，我称呼他为小吴吧！他住在学校附近。没接触几天，我就发现他最明显的特点有两条：一是每节课上课的时候总是满头大汗地跑进来，还自称为"蒸笼头"；二是长着胖嘟嘟的脸。不用说，对他来说学习是够累的，好在成绩至少还能保持在70分左右吧。但当时我刚工作不久，总以为教育是万能的，想提高要求。一天早上（具体的时间忘记了，因为这实在是一个普通的早晨），学生们交作业后，我兴冲冲把作业本捧到办公室，但打开小吴的作业，我气就不打一处来，我分明看见他的本子上用铅笔涂黑了，几乎涂满了一页——我确实没看到过这样的行为——我本能地以为，这是一个调皮的行为。一瞬间，确实只有一瞬间，我很有把这个学生找来训一顿的冲动，但很快，对教育的好奇占据了我的大脑。我非常平和地找来小吴，问他怎么回事。

　　"老师，"他的回答几乎令我晕倒，"我昨天晚上写字的时候，没写几个字，圆珠笔芯用完了，看看爸爸也不在，怕迟了完不成作业，就用这

---

[1] 李翔. 论语[M]. 武汉：长江出版社，2011.

支圆珠笔完成了作业，但字迹很淡，我怕你看不清楚，想了半天，就用铅笔涂黑本子，那圆珠笔的印记就显出来了！"

我非常惭愧但又感到十分庆幸。看到这样的作业，我们往往都会做出草率的判断。我实在没想到是这么回事，这件事情的每一个细节都在传递正能量：小吴不想让父亲回家后还要去买笔那是孝心，他按时完成作业是勤学，他怕老师看不清楚是尊重老师，而能用自己的智慧解决问题是聪明。

作为教育者，我们确实要感谢学生，正是学生在提醒我们什么是教育。

如果我们没有对教育保持好奇心，我们显然很难看到这个事件背后的细节。如果没有对这个问题的询问，有谁能做出正确判断？

教育是最为复杂的事情，按照系统论的观点，这种复杂有时候确实只能"具体问题具体分析"。

也许你会说，这样的故事我身上也有很多啊！

每个人对问题的好奇，就是教育思考的原点，也是教育研究的原点。

也许你会说，我根本没有这样的事情啊！

那么，我要说："这个世界不是缺少值得好奇的事情，而是缺少发现好奇的眼睛！"

第二节　勇气：站在路边鼓掌的人

从教至今，我发表的文章、论文数量倒也不少，当然都是一些"拾人牙慧"的东西。

其中印象较深刻的有两件：一是在《小学生世界》上发表《我的水井……》，主要是因为这是学生所能看到的报纸，在他们的心目中，庞老师俨然成为了一个"作家"。这种荣誉感是很少有东西可以换取的。

第二件事是《改变教育观念，促进学生可持续性学力的发展》一文获奖。这件事情在我的教育研究生涯中，也许可以说得上是"关键事件"。有时候关键事件并不是什么重大的活动，有时候一句鼓励的话，都有可能对你产生很大的影响。

我写这篇文章的时间，正是"素质教育"风起云涌的时候，因为我对教育有很多的问题，总想寻找答案，但看了很多书和杂志之后，问题不是少了，而是多了。于是，我有了一些自己的思考，写了约5000字的文章。刚好区里面有一个论文比赛，我想试试，但内心仍很恐惧，觉得论文哪是那么好写的，而且上城小语界藏龙卧虎，一个无名小卒岂不自寻烦恼？

就在我犹豫不决的时候，陈雁莹老师知道了，她一直是快人快语，马上就说："试一试，怕什么？"被她这么一说，我心里就坦然了，因为我不得奖是正常的，反正也没人认识我。我就下决心准备交上去，也花了点时间做修改。

当时的打印机不好，针式打印机"噼里啪啦"打了半天，还常常打歪，为了打印我颇费了一番周折。我在规定上交论文的最后期限来到教师进修学校，心中也好像完成了一件事情。过了大概半个月时间，党支部王书记打电话来说我的论文得了一等奖，让我到教师进修学校改文章。我当时的第一感觉就是很奇怪，怎么就得了一等奖了呢？全区只有三个名额呀！可见，上城教育之所以能在全省领先，与教师进修学校这种对学术的尊重是分不开的。（你看，一个无名小卒也能得一等奖。）

到进修学校后，我得到德高望重的张化万老师的指导和鼓励，我虽然还不至于哆嗦，或者脸色刷白，但确实是脑海中有些空白。现在想来，张老师当时具体说了一些什么，我已经想不起来了，但一位成名已久的特级教师能和一位初出茅庐的新老师谈谈论文，并给予鼓励，就比什么指导都重要了！

我后来陆陆续续地写了一些文章，也发表在各类期刊上，但我永远不会忘记陈雁莹老师的鼓励，如果现在有人拿文章问我，我也一定会说："交吧！"我知道，很多时候，鼓励和实力是同样重要的，尤其是对年轻人，恐怕鼓励还更重要。

对于这篇文章，有一件事情是我感到惭愧的，当时我引用了叶圣陶先生"课文无非是个例子"的名言，但我忘记了查找资料，隐约记得是"陶行知先生说的"，于是就这么写了。后来到市里参加论文的点评会，沈大安老师指出了这个错误。沈老师现在肯定不会记得这件事了，但我一直记得这件事，因为文章不是可以随便写的，引用是要查找确认过的，这也是一个"关键事件"！

下面我一字不动地照录全文，在你看到这篇当时的文字的同时，我希望的是你能想：这样的文章都能送出去，我的文章为什么不能送呢？这就是我照录这篇文章的最大用意。

📋【案例1-2】

改变教育观念，促进可持续性学力的思考[1]

素质教育的含义是非常广泛的，但它的关键是把学生当作发展的主体，树立面向21世纪的"远视"教育观而非"近视"的教育观。教育要使学生学会学习，终身学习是当今社会发展的必然趋势，21世纪的文盲不是没有知识的人，而是不会学习的人。在此大背景下，我们所做的工作，必须有利于学生学力的可持续性发展，这也包含了"教是为了不教"的最高教育准则。

课堂教学是教育工作的最基本环节和主渠道。我们必须转变教育观念，逐步构建信息化、多维化的语文教育课堂，通过信息的传递、处理，评价的多元化，学习的个性化，将素质教育的要求落实在每一个具体的教学过程中。

一、课堂信息化

叶圣陶告诉我们："课文无非是个例子。"语文教学尤其如此。课本只是育人和知识的载体，但不是唯一的载体。当前社会信息大爆炸，人类已由以纸张为介质的模拟信息社会进入以磁盘为介质的数字化信息时代，"数字地球"已为大家所接受。国务院《关于深化教育改革，全面推进素质教育的

---

[1] 本文获1999年上城区小学语文教学论文评比一等奖，2000年杭州市小学语文教学论文评比三等奖，2000年3月发表于《上城教育》（第三期），具有中学高级教师论文送审资格。

决定》指出："重视培养学生收集处理信息的能力。"在21世纪的今天，我们还将学生处理成"两耳不闻窗外事，一心只读教科书"的学子，是行不通的。我们强调老师要有"常流水"，其实教材更要是"常流水"。但教材的改革是一个较长的过程，而课堂信息化相对比较便捷，容易操作。

（1）课堂信息化要积极利用现代教学技术。现代教学技术使课堂信息量增多，丰富了教学的内容。在语文课堂上，我们要很好地利用多媒体技术手段，多利用投影、录像、课件，使无声、抽象的文字与有声、具体的画面形成互补，在原来学生—教师—教材（教师起中介作用）中又多了一个中介信息源，使学生身临其境，得到直观感受，学生主体活动更丰富。

（2）课堂信息化要及时补充现实内容。改善课堂的信息源模式，形成开放式、持续发展式的教学信息来源。学生只盯着教科书一朵花，是酿不出蜜来的。我们经常让学生进行三分钟新闻讲读、新闻批注、即席演讲，或结合时令进行一些故事演讲赛、知识竞赛等。六年级（第十一册）有一个单元是学习消息。我们进行"读新闻，讲主要内容"的比赛，看谁能用最精练的语言讲出消息的主要内容，几次练习后，学生就很好地知道了导语的作用。平时，讲到《马背上的小红军》，我们补充《地球上的红飘带》；学习《采蒲台的苇》，我鼓励学生看一看杨朔的《荔枝蜜》，居然有好些人去买了《杨朔选集》。随着学生"减轻负担"的落实，学生可支配的时间将会多起来，学生接受课外信息的机会将会大大增加。带学生课外去调查研究，阅读报刊杂志，进行一些摘录，或制作交流小报，都是比较合适的信息补充源。最近我们要求学生写调查报告，学生有的写铁路道口违反交通规则的情况，认识到市民素质要提高；有的写报纸招工启事的情况，认识到要好好学习……

（3）课堂信息化还要促进学生对传统文化的热爱。人文化是素质教育的要求。人文化强调文化积淀对于人文精神的影响，强调继承传统文化的重要性。文化积蕴的深厚决定人的素质高低，热爱中华民族的文化远比分数重要。如我告诉大家，何新研究员通过对古文字的研究表明，龙是古代的鳄鱼，凤是古代的鸵鸟。学生对文字的训诂学不会太感兴趣，但却听得不亦乐乎，情绪十分高涨。有时我们也讨论《三国演义》中的人物，大家根据各自的信息渠道，对人物的评价不一而足，不像书上说的诸葛亮只是聪明、曹操只是多疑了。有时我还故意讲一节故事，到紧要处停住，学生不能不去书店或图书馆寻找答案，但也常常乐此不疲。

二、评价多元化

学生课堂上不敢发言，不敢提出意见，不敢主动参与，跟怕答错题有很大的关联。于是，随着年级的增高，发言率越低的现象便普遍地存在了。这种怕答错题的心理与我们评价的一元化有很大的关系。即使是教师主导，实际上教师的"导"只是在把学生导入自己的答案，而不是在于疏导学生"愤""悱"。久而久之，学生回答的不是自己想说的，而是回答老师想说的，这样，对学生可持续性学力就会形成很大的阻碍。奥斯本告诫我们："应鼓励每一个学生不分高低地自由发表意见。"我们认为，人是有差异的，学生的基础与发展都会有差异，教学过程应是师生、生生、师（教）材、生（教）材之间的多元化教学。每个学生应该而且一定能找到自己的"最近发展区"而有所提高，构建自己的最佳素质结构。因此，我们的评价也应是多元化的。

（1）鼓励性评价为主，批评为辅

有教育家认为应在教室里写上"教室，出错的地方"，就是说学生出现差错是极其正常的。没有问题的教育是失败的教育，教育的魅力在于对未知的好奇，学习的魅力也在于对未知的好奇，这种好奇心比我们的讲解更有效，更持久。古人云："学源于思，思源于疑。"这是十分中肯的，我们必须很善意地理解学生出错，承认学生出错的合理性，多以鼓励性评价为主。如学生回答错了，可以再启发、再来，不要着急；或者说："你讲话很响亮，肯定能答好。""你很勇敢，第一个发言哪！"我班学生学习了《浪花里的一滴水》后，有的同学却得出这样一个结论：好人无好报。反思一下我们的宣传，是不是这样呢？我们难道批评他的逆向思维吗？我认为学生讲了真话，是值得鼓励的，有些问题可以讨论，可以让学生保留自己的意见。

（2）指导性评价为主，终结性评价为辅

教师的作用是要授之以"渔"，而不是"鱼"，是要激发学生学习的兴趣。我们的评价要以指导性评价为主，不要以简单的量化思维判断"错"或"对"。语文的人文性、审美性、创造性都否定了将语文知识过于解构和量化的倾向。如有一个小朋友在填空"雪化成了（　　）"时写下了"雪化成了春天"这一金子般的思想，这时，我们用对错来评价明显是不够的，而需要对此作指导性评价：从语文角度讲，雪化成了春天是对的，富有诗意；从科学的角度则应是雪化成了水。课堂上的回答，在前面学生回答后，也应对其做指导性评价，指出下一个学生努力的方向，不要随便换一个学生而不置可否。

（3）综合性评价为主，单一评价为辅

评价的多元化还体现在评价可以是长期的、短期的；也可以是自我的、别人的；可以是小组的、集体的……这些评价中，我认为应以综合评价为主，单一评价为辅。因为语文学科是一门基础学科，与其他的课程有紧密的关系，而且，综合评价比较全面、客观，防止了单独某一项的强化，有利于学生接受。如一个学生字不好，但在总体肯定其语文水平的情况下，一般应能使他改正缺点。语文学科还要打破"框框"，例如学生在美术课做的贺卡上写的话，语文老师可对此进行充分的肯定。多学科的综合评价，使学生认识到语文的基础性和工具性，激发学习的动机。

三、学习个性化

建构主义理论认为，学生是一个不断变化着的知识的主动接受者，他将根据自己的原有知识经验，与新知识形成重构、积累，而不是在原先一无所知的情况下完成的。因此素质教育的课堂将由统一走向分散，由集中变成个别。学生学习的个性化是大势所趋，我们传授的知识必须内化为学生个性的东西。差异教学、小班教育在学生的个性化教育上作了很好的尝试。随着多媒体技术的日益成熟，学生真正实现人—机个性化学习不会太遥远了。

（1）小组学习是较好的选择。美国哈佛大学的教授伯顿提出发展儿童创造力的十个要点，其中两点是：创造一个气氛使每个儿童被作为一个人来对待，使他受尊敬，并作为小组的一员被重视；儿童要利用体验其能力和自由的环境。小组学习实质上是赋予每个人更多自主的学习时间和空间。小组间互相交流可根据时间长短安排四人小组、两人小组、自由小组等多种方式。小组学生中，学生与学生之间容易沟通，相互间形成各抒己见的氛围，一般既能帮助有困难的同学有足够多的时间吸收别人的长处，也有利于培养学生间互相合作的精神。

（2）学习个性化是学生创造力培养的根本。创新是一个民族的灵魂。创新教育已被提上了一个十分重要的地位。而创造、创新从本质上来说是个性化的东西。学习没有学习上、思维上的个性化，对培养创造力是十分不利的。特别是我们的作文教学，有模式化的倾向，而且一旦养成这种习惯，改变又会很困难。小学生的作文应是多姿多彩的，应是"我手写我心"的，不要为了说明困难就得摔几跤，做好事总是好事多磨。即使在阅读中，也可通过再造想象、创造想象等培养学生思考的个性化，最终促成学生的学习个性化。

（3）个性化学习是"因材施教"的途径。我们培养的人才应是多种多样的。吕叔湘老先生说："教育近于农业生产而绝非工业生产。工业生产把原料经过设计好的工艺流程，做成合乎标准的成品，农业生产可不能，种下的种子是有生命力的。他们是自己长大的，人们所要做的，是给他们适当的条件，包括温度、阳光、水分、肥料等，帮助他们好好生长，以期获得较好的收成。"学生在应试教育中，大伙儿统一围绕高考转，学生围绕分数转，学生不是主动的主体，而是接近于考试的"机器"，这阻碍了个性化的学习。素质教育就是要造成教苑百花齐放的盛景。如在我们班中有个同学十分喜欢写童话，我毫不犹豫地对她说，平时的作文尽可以交童话来，采用"一对一"的教授法，现在这个学生的作文已在市、区获奖。只有不拘一格的教育，才会有不拘一格的人才。还有一个学生写了一首小诗，我对此大为赞赏，打印一本专集，喜不自胜地说："当年巴金也不过如此。"并经常对其进行写作的辅导。六年级时，在谈到"我的理想"时，该学生毫不犹豫地说想成为冰心型的大作家，她母亲也多次感谢老师当时的做法。可见个性化的学习对学生有很大的促进作用。

素质教育是一项面向21世纪的伟大工程。国运兴衰，系之教育，教育兴衰，系之教师。只有我们都转变教育观念，围绕学生的可持续性发展学力开展扎扎实实的工作，注意学习的个性化、课堂的信息化、评价的多元化，我们一定能培养出《中国教育改革发展纲要》中提出的："德、智、体等方面生动活泼地主动地全面发展的学生。"

参考文献

[1]《上海教育》（1999.9—11）

[2]《北京教育》（1999.9—11）

[3]《中共中央国务院关于深化教育改革，全面推进素质教育的决定》

[4]《陶行知诞辰100周年纪念文集》

第三节　阅读：寻找仆人求爱是可笑的

我喜欢看书。这个习惯的养成主要来自家长的鼓励。

在看书的旅程中，让我非常自豪的是我的父母从我小时候起就鼓励支持我看书，虽然当时我并不知道为什么要看书，也不知道看这些书和我自己后来 的职业生涯有什么关系。而专业阅读，那要等到很后面的时候。

还是在我很小的时候，父亲每次出去开会或者培训，总是要带书回来。我印象最深的是《山海经》、《习作素描》等几本书。父亲自己很喜欢看书和报纸，我相信这也是他自学的主要方法。当时家里订有好几份报纸，每天晚上看报纸是父亲的功课。他的这个习惯，直接影响了我，现在，每天晚上不看点书，我总觉得好像有什么事情没有完成。

当时的教育情况是，村里还有不少孩子是不去读书的，叫"流生"，因为很多人家都觉得送孩子读书这些钱（虽然不多），还不如换些其他东西。但父亲则相反，他总是早早就准备好了学费（现在想来，可能当时也会遇到些困难）。

母亲是个很严厉的人。她和父亲的角色在我的生活中好像对换了。母亲对知识有一种天然的尊重，一般情况下，只要我和父亲谈论书上的什么东西，母亲总是认同的。这也使我知道了知识的重要。

我长大后成为了教师，才恍然大悟，家庭教育中包含着教育的基本要素，比如激励、引领和熏陶等。

我大量的阅读开始于初中，当时要参加杭州市的一个历史知识竞赛。（我后来一直觉得，竞赛在某种意义上是促进学生学习的，当然，"走火入魔"是另一回事。）

记得当时我几乎将图书馆里相关的书籍都借来阅读。支撑我大量阅读的，一是书中讲到的历史本身有其迷人之处：总是要等到很久以后，才能发现其深处的规律；但更重要的是，当时我参加了市里的比赛，我以初一学生的身份和很多初三学生同时竞赛，结果成绩遥遥领先并获得二等奖，那更是为我愉快的阅读体验增添了很多动力。

对于教师而言，重要的不仅仅是阅读，更是"专业阅读"。我前面不厌其烦地介绍我的读书"生涯"，目的是想说明，读书也是一个习惯，习惯不会无缘无故产生，更不会无缘无故消失。

当然，我们都有很多的家务、杂务、公务，不可能把想读的书都读了。如果一定要说阅读哪些书，那要根据时间安排和自己本身的积累进行判断，但总的来说，如能按照以下几条路径来阅读，会对我们每个人更为有效和有益。

周国平先生说读书"寻找仆人求爱是可笑的"，那意思是说，我们读书的时候要读经典的书。我觉得，从比较宽泛的视野看，属于"经典"领域的阅读主要包括三方面：

1. 经典名著。所谓经典，就是无论我们觉得这本书多么难读，无论多么不认同这本书的观点，但还是绕不过这本书的存在，因为它是一种学术的存在。譬如《论语》，或许你觉得传统文化中有不少糟粕，但要论中国教育，它总是绕不过去。当然，我们还有更为简便的方法找到"经典"，就是看一些引用经典的文章，我们可以顺着引用，顺藤摸瓜一般能找到经典。下面介绍我阅读过的经典，并谈谈自己的收获。但我还想强调的一点是，千万不要因为谁说什么书好你也就自然认为好，所谓"专家推荐"只是提供了专家的一种选择，你一定要自己认真地阅读，才会有自己独特的感受，我的介绍自然也是如此。我比较早的时候花了点时间"啃掉"两本书（其实说它们是经典的集锦可能更加准确一些），一本是《美国教学论流派》[1]，我当时读了以后的感受是：教育教学是科学，任何一个伟大的教育家都是一个伟大的哲学家。任何教学模式，都已经不是教育家的本意了。教育实验更是给人很多实践的启发和科学思维的启迪。还有一本是《原苏联教学论流派研究》[2]，要理解我们的教育，苏联教育是一个绕不过去的存在，苏联教育家的经验曾经深深影响我们的教育教学工作。与美国的同行相比较，苏联教育家的经验更加多一些。看经典的书，需要沉下心来，慢慢地读，慢慢地思考。

2. 重要杂志、报刊。每一个学科领域，都有几份重要杂志或报刊，推荐这样的刊物，我们可以很简单地从网络获取建议，但我还是想做一个简单的说明。我觉得重要的教育类杂志和报刊主要是以下四类：

宏观的教育教学研究：如《人民教育》、《教育研究》、《中国教育报》等；

中观的教育课程研究：如《课程·教材·教法》等；

微观的学科教育研究：如《小学数学教师》、《小学语文教师》等；

综合的人文类读物：如《读书》、《读库》等。

3. 感兴趣的书籍。小学教育如果要找到一些真理，其中一定有一条是丰富性。小学生的很多发展都处在"未定"的状态中，这也是很多发达国家不在小学阶段进行考试的原因之一，因为小学阶段的考试的分数参考价值不高。学生一定不会喜欢只是传授教材规定内容的老师，你要做的就是让自己不断变得丰富起来，而这丰富的背后就是教师的素养。也许有人要说，那么前几条怎么办呢？其实在说感兴趣的书籍的时候，我已经隐含了一个条件，就是这些书要为教育所用。我们不妨来回顾一个有趣的故事，但我觉得这更是一个有意义的故事——

陈景润在福州英华中学读书时，有幸聆听了清华大学调来的一名很有学问的数学教师沈元讲课。他给同学们讲了一道世界数学难题："大约在

---

[1] 钟启泉，黄志成. 美国教学论流派[M]. 西安：陕西人民教育出版社，1993.

[2] 杜殿坤. 原苏联教学论流派研究[M]. 西安：陕西人民教育出版社，1993.

200年前，一位名叫哥德巴赫的德国数学家提出了'任何一个偶数均可表示两个素数之和'，简称'1+1'。他一生也没证明出来，便给俄国圣彼得堡的数学家欧拉写信，请他帮助证明这道难题。欧拉接到信后，就着手计算。他费尽了脑筋，直到离开人世，也没有证明出来。之后，哥德巴赫带着一生的遗憾也离开了人世，却留下了这道数学难题。200多年来，这个哥德巴赫猜想吸引了众多的数学家，从而使它成为世界数学界一大悬案。"老师讲到这里还打了一个有趣的比喻，数学是自然科学的皇后，"哥德巴赫猜想"则是皇后王冠上的宝石！这引人入胜的故事给陈景润留下了深刻的印象，"哥德巴赫猜想"像磁石一般吸引着陈景润。从此，陈景润开始了摘取皇冠上的宝石的艰辛历程……[1]

我们可以很快得到答案，这位老师当然数学教得好，但更重要的是，他的知识足够丰富，而这种丰富，决定了陈景润的一生。

第四节　减负：行动才是硬道理

对于一线的教师而言，坐而论道不是我们的追求，更不是我们的目的。

一切的研究都要指向实践，都要指向学生和老师。这是我们和专业的研究者的基本区别。

如果我们的研究，能切实减轻教师的负担，能够切实使我们的工作更加有趣味一些，使我们能够从工作中得到一些乐趣，我相信，这样的研究是有意义的。教育研究的目的是教师的发展，也可以狭义地说，是教师的专业发展。

首先，研究是为了使我们的工作足够专业。教师专业化喊了很多年了，为什么还是在外围打转转？就是因为我们的工作专业成色不足。所谓专业成色，我觉得最通俗地讲，就是多大程度上对事物做出科学而独立的判断，这也就提醒我们，教师需要对自己面对的每个学生的教育教学现状

---

[1] 陆洪文.陈景润与哥德巴赫猜想[J].科学，1996（9）.

做出独立而科学的判断。再举一个例子，我们就能更加清楚地回答这个问题。我们每个人生病了都会去医院，但是，我们只是身体不舒服也会去医院吗？也许不会。我们有点头痛，喝点水，吃点药，休息一下，就好了。但如果还是不舒服，我们就会去医院，因为凭借我们的知识，已经不能做出科学而独立的判断了。学习也是一样，我们教学中现在的问题还都停留在广义的判断中：作文不好怎么办？看书。那么，看什么书？怎么看？看了以后怎么办？对这些关键的问题，我们缺少专业的指导。如果一个医生也是这样，见了病人就是"吃药"两字，病人能相信他吗？

其次，研究是为了使我们的工作更加轻松，就是改进我们的实践工作，使我们工作的时候更从容和淡定。有很大一部分教师对研究是持不支持或否定态度的，甚至还有"哗众取宠"者贬低研究。为什么呢？主要是我们的研究太像"研究"了，教师的内驱力不足。小学教师的工作十分烦琐，还要再花时间来研究？这就是大部分教师的困惑。破解这个困惑的办法有三个：第一个办法是我们的工作和研究需要整合，在增加研究工作的时候，减少一些不必要的事情，但也不是所有的工作都可以整合的。第二个办法，就是我们的研究是为了使我们的工作更加轻松。肯定有人会问，有这样的事情吗？答案是肯定的。因为研究使我们变得更加强大，而这是否能让工作更轻松呢？当然是。或者我们再来设想一下，如果我们能够对不同的学生都用不同的方法（当然也有一些是没有方法的，需要医学和脑科学的介入），我们的工作是否更轻松呢？答案当然是肯定的。那现在只有一个问题了，就是研究需要多少的投入。如果要投入很多年的时间，很多人肯定会知难而退。这个问题，在下面的章节中会专门论述。

当然，还有第三个办法，也是很契合实际的办法，就是研究虽然增加了一些负担，但我们获得的工作成就感（学理上可能叫"效能感"更好一些）更强了，这样也能有效增加教师的专业幸福指数。

再次，研究是为了使我们的工作更有乐趣。对一个教育教学现象的分析，是可以有不同的视角的。一般来说，在教育教学实践中，我们的视角大约分为管理的视角、育人的视角、学科的视角，但更重要的是研究的视角。如果用学科的视角看，一个学生没有回答出问题，我们自然会焦虑，甚至发火,因为学科教学是有目标的,目的是为了达到目标;而如果用研究的视角看,一个学生没有回答出问题,我们首先是思考这是为什么,能改进吗。下面我用一个我们熟悉的研究来做注脚——

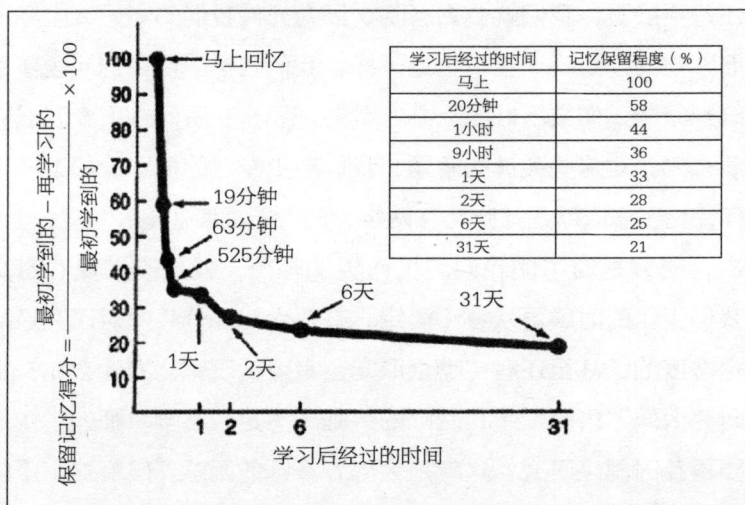

学习后经过的时间	记忆保留程度(%)
马上	100
20分钟	58
1小时	44
9小时	36
1天	33
2天	28
6天	25
31天	21

上面这张图是几乎所有的小学老师都熟悉的"艾斯浩宾曲线图"。它非常清楚地告诉我们在孩子的知识记忆方面的重要常识:最有利于记忆的复习时间是第一次复习,20分钟后;第二次复习,9小时后;第三次复习,24小时后。所以,我们可以很直观地知道如下事实:每节课最后是要小结一下的,只要是记忆性的内容,每天都是要复习的,第二天上课前,那些规定要记忆的内容是需要重复的。如果我们在帮助学生记忆的时候关注了这些时间点,学生的记忆性知识就容易稳固。

我也用我自己的一个案例说明研究对行动的重要性。

【案例1-3】中段习作的学生障碍在哪里?

2004年,我在杭州市教育科学研究所附属小学教三年级的时候,有一个作文的社团,社团的名称是"看图作文"。

有一次,我上《黑猫警长》的看图作文,共4幅图片,按照一般的看图习作的要求,无非就是"仔细看图,展开想象",但那一天,我想做一个比较实验。

我先在一个班让学生看图，然后按照常规教法，请学生完成习作。而在另一个班，我在保留原先的教法之后，在学生完成习作的同时，增加了一个步骤，请学生在习作的时候，如果遇到不会写的字，可以举手问。我提出这个要求后，学生在写作的时候偶尔有人会举手。我大约在黑板上板书了20个左右的词语，结果，我发现，学生的习作完成质量明显有了提升。

原来，学生中段习作的障碍之一是词汇量的问题。

这个研究上不了"厅堂"，但它确实解决了我的问题，使我在面对学生的习作问题时，多了一些从容，而这胸有成竹，才是我们研究的本意所在。

后来，我在王林博士的博客上看到了这样的话：[1]

哈佛大学教育所教授凯瑟琳·斯诺（Catherine Snow）于2013年12月7日，在山东济南大学进行了长达2个半小时的关于早期阅读和孩子日后学习成绩的关系的讲座。

早期的阅读对儿童词汇量的增长有很大的帮助，而且在以后也直接影响了儿童的阅读成绩。每个孩子对词汇的认知、词汇的理解都是有差异的。因为词汇的意义是阅读理解的核心所在，所以这样的阅读差距可以一直影响到孩子成长之后。

词汇是对真实世界认识的一个指标，当孩子没有太多的词汇时，他们对真实的世界的认识并不全面。有机会在早期接触词汇的孩子，也会在早期就接触到了世界，而没有机会去接触太多词汇的孩子，会因此在童年时期落后于其他的孩子了。

孩子在不同的社会经济条件下、不同阶层家庭中，因为词汇学习、词汇发展的不同，因为语言环境、图画书阅读、字母学习等的不同，学业成就也会有所不同。

所以我们应该重视高级语言能力和丰富的词汇给孩子带来的影响。

词汇不只是语言水平的表现，更是对真实世界的知识的深刻理解。在孩子们得到了概念性的知识之后，他们便了解了真实的世界是什么样子的。

---

[1] http://blog.sina.com.cn/s/blog_63f4606d0101psc6.html

要培养孩子从知道，到希望知道，再到建议，最后到讨论这么一个词汇的认知过程。

所以在教育的过程中，要教词汇；不教概念性的知识是可以的，但是不可以教知识而不教词汇。

在孩子语言水平较高的家庭，亲子间会有很多的交流，讨论的质量也很高，家长们会回应孩子们的问题，之后展开讨论。在讨论的时候也需要多样性的发挥，比如使用不一样的词汇，运用不一样的形式展开讨论，拓展与孩子讨论的范围。

通过图画书的阅读，家长在与孩子的交流中，提高了控制交流的能力，家长就能在儿童语言能力的提高上扮演一个重要的角色。因为真实世界的知识的吸收对孩子来说十分重要，而成人是他们在开始独立阅读之前了解这个世界的唯一渠道。

第五节　兴趣：自己喜欢的才会真实投入

愉快的体验和感受，是每个人想重复做一件事情的原因，研究也一样。

我们来看一个故事《最好的批评》。

联合国教科文组织曾经向世界各国的208位教师提出过一个有趣的问题：兄弟俩开车上学，但好睡懒觉经常迟到。有一天上午考试，他们因在路上玩耍，迟到30分钟。教师查问原因，他们称汽车在路上爆胎，到维修店补胎误了时间。事后老师悄悄地检查了他们的汽车，发现四个轮胎都蒙着厚厚的灰尘，没有被拆卸的痕迹。很明显他们说了谎。问：假若你是这兄弟俩的老师你会怎么处理？

以下是各国教师的回答——

中国：一是当面进行严肃批评，责令写出检讨；二是取消他们参加当年各种先进评比的资格；三是通知家长。

美国：幽他一默——对兄弟俩说："假设今天上午不是考试而是吃冰淇淋和热狗，你们的车子就不会爆胎了，对吗？"

日本：把兄弟俩分开询问，对坦白者给予赞扬奖励，对坚持说谎者严厉处罚。

英国：小事一件，置之不理。

韩国：把真相告诉家长和全体学生，请家长对孩子严加监督，让全体学生讨论，引以为戒。

新加坡：让他们自己打自己的嘴巴10下。

俄罗斯：给兄弟俩讲一个关于说谎有害的故事，然后问他们，近来有没有说过谎？

埃及：让他们给真主写信，叙述事情的真相。

巴西：半年内不准他们在学校踢足球。

以色列：提出三个问题，让兄弟俩分别在两个地方作答。1.他们的汽车爆的是哪个胎？2.你们在哪个维修店补胎？3.你们付了多少费用？两人的话出现偏差就是说谎的明证。

研究人员把这些教师提供的回答翻译成几种文字，让全球的学生投票选出他们最喜欢的处理方式。结果，91%的学生选择了以色列的处理方式。为什么？这种批评教育方式带有游戏性质，也不让学生感到难堪。

当然，在学校中不可能所有的研究都是你喜欢的，或者说都是带有"游戏"因子的，因为不同学校的传统文化有很大的差异，而且学校主管科研的老师也会有不同的设想和设计。如果是纯粹的研究，从理论上来说是应该以"自我"为中心的，所以我把"好奇"放在第一的位置。但是，只是强调"好奇"也会有些"矫情"，因为我们在学校中的身份也是多元的，很多工作中的研究，限于工作原因，选择的余地比较小。譬如你是学校大队辅导员，总要做一下少先队方面的研究，因为只要涉及这方面的研究，从工作隶属的角度看，你肯定是比较合适的人选。有的研究工作还是学校总课题的一部分，那选择余地就会更小一些。这是教师们开展研究时没有太多愉快体验的原因。教师们总感觉有人在背后催着要资料、要成果……就像很多孩子的学习，因为家长和老师不断地需要"成绩"和"效率"，结果"成绩"和"效率"倒是越来越高，但孩子对学习的体验越来越差，最终，学习是不会好的。

所以，在兼顾学校工作的情况下，教师要在研究领域找到自己喜欢的项目，会有相当难度。

了解自己的兴趣，是使研究有趣的出发点，我们可以对自己进行MBTI测试，这项测试采用了世界通用的MBTI性格测试卷。MBTI人格共有四个维度，每个维度有两个方向，共计八个方面。分别是：精力支配：外向（E）—内向（I）；认识世界：实感（S）—直觉（N）；判断事物：思维（T）—情感（F）；生活态度：判断（J）—知觉(P)。它们两两匹配共组成16种人格特征，如ISTJ（公务型）；ESTJ（大男人型）；ISFJ（照顾型）；ESFJ（主人型）；ENTP（发明家型）等。测试能给我们提供关于内向与外向、感觉与直觉、思考与感情、判断与理解等方面的各种不同倾向间的特点和异同，使我们"认识自己"，了解自己究竟是属于ISTJ、ESTJ、ISFJ、ESFJ和ENTP等不同性格倾向中的哪一种？

📋【案例1-4】"背包族"陈老师

陈甜老师自己一个人两次徒步游西藏。她在游历结束后会带回来很多石头、很多故事，并跟孩子们交流旅途中的一些东西。所有天长的孩子听了陈老师的课就会爱上她，喜欢她，舍不得跟她分开。走进她任教的班级，只要一谈起她，孩子们眼睛就发亮了。"我喜欢陈老师上的科学课，因为陈老师见识广，总能给我们补充很多课本上没有的知识！""是的，还有那些新奇的故事，那是我们从来没有听到过的！"《人民教育》杂志在2011年"年度综述"里把陈甜老师当作一个典型案例，认为现在的学校要想赢得孩子的心，首先要让老师自己有自己的个性，通过个性化的教学和教育来赢得孩子们的心。

一次，陈老师在六年级上"拱桥"的科学知识，讲到了"廊桥"。对于城市里的孩子，廊桥是什么还真不太说得明白。有好事的学生就说："陈老师，你能带我们去看一看吗？"陈老师充分发挥了自己是"驴友"的特长，真和学生一起做方案，怎么购买车票，怎么预定旅馆……几个"小毛孩"像模像样地弄出了一册"攻略"，陈老师就带着学生自助去泰顺看廊桥了。几天后，他们回来了，班级里的同学都羡慕不已。参加考察的这些同学还整理出了调查报告，一直到现在，他们都认为这是小学阶段最难忘的事情之一。

第六节　持续：来自研究的数据

成功的本质其实很简单：不断重复，忍受重复，超越重复。

柴静在《看见》中说："人们声称的最美好的岁月其实都是最痛苦的，只是事后回忆起来的时候才那么幸福！"[1]

但是，我们在实践中，总是希望有一种"妙笔生花"的技巧，能够"恍然大悟"，其实这样的东西是没有的，因为如果有，人类历史上这么多伟大的人物，一定早有人想出来了。

让思考常常有一点小的变化，不必期求每次都"推倒重来"，这才是我们研究的常态。但现在我们的教育研究，都是"割地分据"，每个人"圈"起一个新概念、新名词，大家各说各的话，各唱各的调，真正的教育辩论产生不多，教育往纵深推进不多。

行为心理学研究表明：21天以上的重复会形成习惯；90天的重复会形成稳定的习惯。即同一个动作，重复21天就会变成习惯性的动作；同样道理，任何一个想法重复21天，或者重复验证21次，它就会慢慢变成你的信念。[2]

习惯的形成大致可以分成三个阶段：

第一阶段：1~7天。此阶段的特征是"刻意，不自然"。你需要刻意提醒自己改变，而你也会觉得有些不自然、不舒服。

第二阶段：7~21天。不要放弃第一阶段的努力，继续重复，跨入第二阶段。此阶段的特征是"刻意，自然"。你已经觉得比较自然、比较舒服了，但是一不留意，你还会回到从前。因此，你还需要刻意提醒自己改变。

---

[1] 柴静. 看见[M]. 桂林：广西师范大学出版社，2014.

[2] 刘迎泽. 好习惯好成就心理咨询[M]. 北京：地震出版社，2007.

第三阶段：21~90天。此阶段的特征是"不经意，自然"，其实这就是习惯。这一阶段被称为"习惯的稳定期"。一旦跨过此阶段，你已经完成了自我改造。这项习惯就已经成为你生命中的一个有机组成部分，它会自然而然地不停为你"效劳"。

我们不仅要告诉大家，做一件事重复到一定程度就成了习惯，而且要让大家了解一个理论：重复了1万个小时的工作会直接造就成功。

1万小时的重复造就成功是一条定律，一位研究从量变到质变的高手证明了这一点，这位头发蓬乱名叫马尔科姆·格拉德威尔的人因写成《引爆点》而名噪一时。现在，马尔科姆带来更直观、更势利的观点，他在新作《异类》中高喊："你想成功吗？那重复做一件事，坚持1万小时。"其实，马尔科姆的1万小时理论是借鉴畅销书作家丹尼尔·科伊尔《一万小时天才理论》的精髓部分。

看了上面的故事，我们来推算一下，也许你会有意外的收获——

$$8小时/天 \times 20天/月 \times 10个月 = 1600小时$$
$$1600小时/年 \times 6到8年 \approx 1万小时$$

你会惊喜地发现，大约需要8年时间，你在教育教学研究中投入的时间就到了1万小时，而8年，普遍被认为是一位教师成熟的基本时间。所以我们可以看到，持续地投入时间，是研究的一个基本要求，没有一种研究是可以非常迅速地完成的，更没有一种研究习惯是可以非常迅速地形成的。

我在2010年完成了一篇论文，后来连续在市区得到了三个一等奖，我想介绍一下这篇论文大致完成的时间线索，以此来说明"板凳要坐十年冷"确实在研究中是需要的，尽管我们也已经看到很多"速成"的东西。

📋 【案例1-5】

时间：2006年10月12日，多次尝试学生的角色转换，在《九月九日忆山东兄弟》中，直接将学生转换成王维的兄弟，并根据诗意设计了登山的情境，巧妙地将意象的还原结合在学生的"模拟活动"中。在学生喜闻乐见的"模拟活动"中，学生们理解了"遍插茱萸"的意思，领会了"少一人"之思念，明白了"兄弟登高"的含义。通过意象的还原，构成的情境就更加生动和丰满，与学生经验世界的联结就更加紧密，而学生的理解就更加全面和深刻。

时间：2007年3月15日，张化万老师来学校指导。我的上课内容是《春日》，主要的想法是让学生们在想象中运用词语。我让学生想象，如果你是诗人，你来到泗水滨，会看到什么？我的做法无非是让学生调动生活经验，和诗人产生共鸣。我在布置了这个要求后，并没有马上让学生说，而是出示了园地一中的几个四字词语：群芳吐艳，苍翠欲滴，姹紫嫣红，层峦叠翠。我告诉学生，如果在说的时候用上这些词语或更好的词语那就更好。

时间：2009年4月2日，我在五阶段教学展示中执教《渔歌子》。在教学时，因为考虑到城市中的学生对白鹭缺少基本的了解，我通过呈现幻灯片，使学生形成表象认识，以利于学生对诗歌意象的把握和理解。

时间：2009年7月20日，我在首届全国十城市小学语文教学观摩研讨大会执教《饮湖上初晴后雨》。教学中有"西湖图片"这一内容，在授课前、学习描写西湖晴天的句子后、学习描写西湖雨天的句子后等几个时间点，我反复借助图片教学。学生从"西湖很美""西湖很漂亮"等笼统的回答很快就转入"西湖的荷花很美""小桥的影子"等具体的描述中。其中的关键是，学生的语言是借助于表象的，在学生尚未形成表象时，教师要运用不同的创意，如通过图片、视频资料，积极地给孩子提供一个支持系统，同时在语言的互动转化中还原意象。

通过大约4年时间，我终于完成对这一篇文章的教学实践，文章后来曾获得杭州市专题论文一等奖。（全文见附录。）

最后，让我们重温苏霍姆林斯基讲的备课的故事：

一位有30年教龄的历史教师上了一节公开课。课后，一位教师对这位历史教师说："您把自己的全部心血都倾注给自己的学生了，您的每一句话都具有极大的感染力。不过，我想请教您：您花了多少时间来备这节课？不止一个小时吧？"那位历史教师说："对这节课，我准备了一辈子。而且，总的来说，对每一节课，我都是用终生的时间来备课的。不过，对这个课题的直接准备，或者说现场准备，只用了大约15分钟。"

附录1：

本章拓展阅读书目

[1]杨瑞清. 走在行知路上[M]. 北京：高等教育出版社，2004.

[2]雷玲. 故事里有你的梦想[M]. 上海：华东师范大学出版社，2007.

[3]安奈特·布鲁肖，托德·威特克尔. 从优秀教师到卓越教师[M]. 北京：中国青年出版社，2007.

[4]郑杰. 学校的秘密[M]. 北京：教育科学出版社，2011.

[5]朱永新，高万祥. 教师第一课[M]. 福州：福建教育出版社，2013.

[6]于漪. 教育魅力[M]. 上海：华东师范大学出版社，2013.

[7]李希贵. 面向个体的教育[M]. 北京：教育科学出版社，2010.

[8]吴国珍. 心灵的觉醒：理解教师叙事探究[M]. 北京：北京师范大学出版社，2010.

[9]帕克·帕尔默. 教学勇气[M]. 上海：华东师范大学出版社，2005.

[10]梁小民. 活学活用经济学[M]. 北京：中国社会科学出版社，2007.

[11]陶继新. 教育先锋者档案[M]. 北京：教育科学出版社，2006.

附录2：

意象还原：基于情境的古诗教学例析

王尚文先生在《走进语文教学之门》中说："学校教育对于诗歌知识的传授一直走在一条错误的道路上，在学校里，人们或者把诗歌作为传播或者加强某种思想的工具；或者把它作为造句、修辞练习模仿的对象；或者作为考试的材料，用它来测验记忆力……总之，就是把诗歌看作并非它自身的东西。"

这段话的确振聋发聩，回归诗歌的本位教育，就是要依据诗歌的本身特点，感受祖国语言文字的优美，感受祖国文化的灿烂，就是要感受意象，领悟诗境。在近几年的诗歌教学实践中，笔者一直关注和思考着诗歌本位的教育（其实，教材本体具有文学形态的区别，诗歌应该关注意象，小说应该关注人物和情节等），以避免用"散文"或者"小说"的教法教学诗歌，在实践的反思中，笔者觉得：着眼于诗歌的"意象"，将古诗教学从机械、琐碎的经院式讲解中挣脱出来，而导向对内涵的丰满解读，不失为一条可以尝试的路径。

意象就是（物）象与（情）意的组合，即诗中的形象，它不仅包含人物形象，也包括诗中所写的景和物，还包含了作者的情思。作为一个古老的美学概念，意象是诗歌最基本而又最重要的审美单元。抓住了诗歌的意象也就抓住了诗歌的意境、风格及作者蕴涵在其中的思想情感。然而，因为作者生活的时代古远，其生存状态与生活体验与我们差别很大，诗歌的意象的解读和"还原"往往成为教学难点。

阅读古典诗词，如果能够进行"意象还原"，进入作者写作的内容，与作者对话，"得作者之用心"，进入作者的内心世界，感悟到作者面对的"世界"，这样的解读就会更为真实，更为深刻。康德在《批判力批判》中说："想象力是自由的，却又是自发地合规律性的。"我们在进行"还原"分析的时候，最根本的是将作者写作的意象"复现"出来，将作者所表现的生活"复现"出来，"意象还原"越是具体，就越有利于文本的解读，也就越有利于学生对古典诗词的学习。

一、在历史脉络中进行意象还原

意象具有历史的传承性，诗人在创作中对意象的组合，往往是对前人意象复制、重组、改造。"造成这一现象的原因有很多，既有客观的因素，如诗歌形式的要求，也有主观的因素，如'既成图式'、'文化无意识'，它们既是个人的取向与选择，也是传统的、社会的、文化的长期积淀。"[1]在中国诗歌历史上出现的以黄庭坚、杨亿为首的"江西诗派"就曾提倡"无一字无来历"，要追溯不同时代诗歌的意象，往往能从历史的脉络中得到启示。

如《示儿》中，面对诗歌给学生留下的"南宋军队收复了失地没有？陆游实现了自己的愿望了吗？"的疑问，教师出示宋末林景熙的诗歌："青山一发愁蒙蒙，干戈况满天南东。来孙却见九州同，家祭如何告乃翁？"从历史脉络中进行意象还原，林景熙诗歌最后一句直接改用了陆游的诗句"家祭无忘告乃翁"。而王自文则在《古诗两首》的教学中，在历史的横向脉络中寻求情感的激荡——

课件出示《示儿》，教师引读，学生再读。

师：诗人到死都没有看到中原的统一，他的心情怎样？

生：我感到诗人非常失望。

师：内心的心凉之感是一种悲凉之感。那令人心凉的南宋王朝在干什么呢？读——

生：山外青山楼外楼……

师：那令人心凉的南宋王朝在干什么呢？

生再读。

师：那……南宋王朝在干什么？

生再读。

[1] 谢群. 湘潭师范学院学报（社会科学版），2001（4）.

笔者在设计《饮湖上初晴后雨》时，从历史脉络的纵向出发，引用了不同时代的三首古诗，既拓展了学生的阅读面，又在历史的时空中互相印证了"西湖"的确是天下美景的论断。

【案例：《饮湖上初晴后雨》（课堂实录）（人教版小学语文第六册）】

时间：2009年7月20日

师：白居易曾经在1200多年前当过杭州市的"市长"，写下了"未能抛得杭州去，一半勾留是西湖"的诗句，一起读。

学生读诗句。

师：几百年以后，北宋大诗人，也是杭州市"市长"的苏轼写了一首诗《饮湖上初晴后雨》，一起读。

…………

师：到了元朝，日本使臣答里麻游览西湖后写了一首诗——

出示诗："昔年曾见此湖图，不信人间有此湖，今日打从湖上过，画工还欠费工夫。"

从建构主义理论看，帮助学生建构意义就是要帮助学生对当前学习内容所反映的事物的性质、规律以及该事物与其他事物之间的内在联系达到较深刻的理解。学生从三位不同时代的著名诗人眼中看到了他们各自心目中的西湖，这样就避免了作家的主观性——因为文学作品往往是具有很强个性的。在历史的脉络中，学生对"西湖"这一意象的建构就更加完整、更加丰满。

要运用这一策略需要我们在文本解读阶段对这首诗词的历史典故做梳理，从中寻找脉络，从而在更为广阔的文化背景下教学。

二、在场景补白中进行意象还原

诗歌是高度浓缩的文体，诗人在有限的文字中常常省略与隐去许多东西，所以它必须"以一当十"，甚至"以一当百"。

意象组合的灵活性是中国古代诗歌艺术上的一个奥秘。汉语句子的组织常靠意合而不靠形合，词与词，句与句，几乎不需要任何中介而直接组合在一起。这不仅使诗的意象更浓密，而且增强了诗的多义性效果，使诗更含蓄。诗人就是这样灵活地处理意象的时空关系，不黏不滞，自由地挥洒笔墨，创造出无数优秀的诗篇。

古典诗歌的意象之间虽然表面似乎没有关联，其实在深层次中却互相联结，只是纽带是隐蔽的，没有显现出来。这就是前人所说的峰断意连，辞短意属。意象之间似离实合、似断实续给读者留下许多想象的空间和再创造的余地，这也正是中国古典诗歌被世人喜爱的重要原因之一。

如李白《送孟浩然之广陵》："故人西辞黄鹤楼，烟花三月下扬州。孤帆远影碧空尽，惟见长江天际流。"这首诗有如下意象：黄鹤楼、烟花、孤帆、长江等。这些意象组合起来便成了一幅融情于境的画面，诗中没有直抒对友人依依不舍的眷念，而是通过孤帆消失、江水悠悠和久立江边若有所失的诗人形象，表达送别友人的深情挚意。

场景补白在古诗词的学习中，是非常常见的。下例是我依托课后《语文园地》的词语进行补白，对"春日的五彩缤纷"进行意象还原，橘子在自己的博客中写下了听此课后的感受——

📋 【案例：《春日》（人教版小学语文第六册）】

时间：2007年3月15日

摘自：http://www.zjsxzx.com/tresearch/a/1937048911cid00043

庞老师[1]上的是《春日》。老师在引导学生理解诗意、体会作者内心感受上动足了脑筋，运用了很多方法，其中最让我佩服的，正如张老师在课后评价时说的，庞老师能巧妙地引导学生在"想象中务实"。庞老师在课中让学生想象，如果你是诗人，你来到泗水滨，会看到什么？我想他的做法无非

---

[1] 即本书作者。

是让学生调动生活经验，和诗人发生共鸣。然而让我没有想到的是庞老师布置了这个要求后，并没有马上让学生说，而是出示了园地一中的几个四字词语："群芳吐艳，苍翠欲滴，姹紫嫣红，层峦叠翠。"说：如果你在说的时候用上这些词语，或更好的词语那就更好。真是绝妙啊！我怎么就没有想到呢？这样一来不仅将园地一中简单的抄写、背诵这些词语，变成了现在有意义的积累运用，而且大大提高了说话的质量，真是一举多得呀！

用词语作为支撑只是场景补白的策略之一，但对于中段学生来说，确实是十分重要的。笔者曾经做过一个"迷你课题"，证明出示词语和不出示词语对孩子理解画面的影响是十分显著的。这主要是因为从发展上看，中段孩子处于形象思维到抽象思维的过渡阶段，学生调用抽象概念（如词语）与形象概念建立联系的途径还不是很畅通，而词语的提供正好为学生的形象和抽象思维之间提供了桥梁，有利于学生更好地进行意象的还原。当然，我们也可以通过提供段落、关联词句等使学生对场景的补白落到实处。

三、在表象依托中进行意象还原

词语是语言结构中的基本单位，也是阅读教学中最活跃的教学元素。在教学中，引领学生比较、揣摩、品味、体悟词语的内在意蕴，能更好地帮助学生理解课文内容，体会课文情感，感受语言文字的魅力，获得良好的语感。

意象一般是附着在词语上的。诗人在构思过程中，意象浮现在诗人的脑海中，由模糊、飘忽而渐趋明晰、定型，最后借着词语固定下来。词语和意象是一表一里的。所以，一首诗歌表面上是由一个个词语连缀而成，其实从艺术构思上来说则是一组意象的组合。还原作者的意象，这就需要我们从文本出发，在文本中发掘，真正地"进入文本"，唤起学生对自己的生活体验的回忆或再度体验。学生对"诗"的阅读，与其说是理解诗人的经验，不如说是对学生自己的生活体验的回忆或再度体验。

既然意象需要以学生的自我经验为基础，那么，丰富的学识和阅历（或者说记忆表象和知识结构）就是"物质"基础。这样，就需要教师在恰当的时机——在学生没有自我经验的基础时，及时提供支持，以利于学生迅速形成表象。表象可以转化为语言和文字，这样，刺激→表象→观念→语言→文字，通过这些步骤，在自我与外物之间、在人与人之间会存在信息和能量的转化，这就达到意象在学生学习中内化的目的。

笔者在教学《渔歌子》时，因为考虑到城市中的学生对白鹭缺少基本的了解，因此通过幻灯呈现图片，使学生形成表象，以利于学生对诗歌意象的把握和理解。

【案例：《渔歌子》（课堂实录）（人教版小学语文第八册）】

时间：2009年4月2日

师：你仿佛眼前看到了什么？

生：西塞山前有一群白鹭在飞。

师：一群，不是一只，很好！你说说看！

生：我仿佛看见了青青的西塞山前——

师："青青的"用得好！

生：一群白鹭在飞。

师：青青的西塞山，再是白鹭，这两个色彩形成非常明显的——

生：对比。

师：老师找到了两张图片，看看能不能对你脑海中的画面有所帮助？

点击图片（白鹭飞翔的图片）

师：这就是西塞山前白鹭飞翔的图片。

师：能不能说一说"有的白鹭怎么飞"？

生：有的在拍翅膀，有的休息在树上。

师：还有谁要补充吗？

生：有的翅膀呈M形，有的呈弧形。

生：此起彼伏的情景。

生：有些在空中翱翔，有的贴着地面飞翔。

…………

表象的形成对于学生的语言表达很重要。笔者在吉林白山执教《饮湖上初晴后雨》时有"西湖图片"这一安排。在授课前、学习描写西湖晴天的句子后、学习描写西湖雨天的句子后等时间点我反复借助图片演示，而学生从"西湖很美""西湖很漂亮"等笼统的回答很快就转入"西湖的荷花很美""小桥的影子"等具体的描述中，其中的关键是，学生的语言是借助于表象的。对于学生尚未形成表象的，教师要运用不同的创意，如通过图片、视频资料，积极地给孩子提供支持系统，同时在与语言的互动转化中还原意象。

四、在角色转换中进行意象还原

意象还原不仅仅是被动的接受，也可以是一种富于创造性的艺术活动。意象还原可以运用联想将语言、声音、动作等还原为自己曾经有过的类似的生活体验。

小学生喜好表现、好动，又特别善于模仿，特别喜欢表演，他们在表演上有着惊人的天赋。例如，学生表演《春晓》一诗中"花落知多少"一句时，他们运用已有的生活经验，充分展开想象，进行创造性的表演。不同的学生对诗人面对落花的神态与动作的设计都有所不同：有的摸着后脑，大吃一惊；有的举目远眺，若有所思；有的面露可惜的神态，还在数着落花……

笔者曾经多次尝试学生的角色转换，在《九月九日忆山东兄弟》中，直接将学生转换成王维的兄弟，并根据诗意设计了登山的情境，巧妙地将意象的还原结合在学生的"模拟活动"中——

【案例：《九月九日忆山东兄弟》（课堂实录）（人教版小学语文第五册）】

时间：2006年10月12日
师：现在我们作为王维的兄弟一起去登山吧！
师：你现在去干什么？
生1：登山。

师：你现在去干什么？

生2：登山。

师：你现在去干什么？

生3：登山。

师：你腰上插了什么？

生4：（觉得奇怪）衣服……（后面有人提醒）茱萸。

师：你腰上插了什么？

生5：茱萸。

师：你们都插了"茱萸"吗？

生：是。

师：这就叫"遍插"。

师：现在我们到了山顶，发现少人了吗？

生：少了王维。

师：少了你的哥哥王维。

师：你们想念自己的兄弟吗？

生：想。

师：就是——"每逢佳节倍思亲"。

在学生喜闻乐见的"模拟活动"中，学生们理解了"遍插茱萸"的意思，领会了"少一人"之思念，明白了"兄弟登高"的进程。通过意象的还原，构成的情境就更加生动和丰满，与学生的经验世界的联结就更紧密，而学生的理解就更加全面和深刻。

基于角色的意象还原是一种有效的方法，是一把开启诗歌之门的钥匙。学生在不同的角色中，可以呈现配乐朗读、配画赏读、边读边画、边读边舞等不同的学习形式。学生兴趣盎然地展开丰富的联想，理解诗意，充实内容，达到不讲自明的目的。

惠特曼写道："有一个孩子每天向前走去，他看见最初的东西，他就变成那东西，那东西就变成他的一部分。"

学生在阅读古诗时能根据自我的经验，还原诗人所见所感的意象，变抽象为具象，进入诗人多姿多彩的形象世界，学生由意象的积累而至意境的感受，由意境的体悟而至对语言的热爱。意象和学生的生活经验、情感体验相关联，学生便如著名学者叶嘉莹所说："我希望大家能有一个博爱而敏感的心灵，能有诗的情绪，感动于花开花落，落泪于天边的一丝流云。"

古诗词教学如是，古诗词的教学就走向了丰满的境界。

参考文献

[1] 孙绍振. 名作细读：微观分析个案研究[M]. 上海：上海教育出版社，2009.

[2] 叶嘉莹. 唐宋词十七讲[M]. 北京：北京大学出版社，2009.

[3] 潘新和. 语文：表现与存在[M]. 福州：福建人民出版社，2006.

[4] 王荣生. 听王荣生教授评课[M]. 上海：华东师范大学出版社，2007.

[5] 刘惠军，张雅明. 新课程与学生发展[M]. 北京：北京师范大学出版社，2001.

[6] 皮连生. 学与教的心理学[M]. 上海：华东师范大学出版社，1997.

[7] 陈太胜. 作品与阐释：文学教学导论[M]. 广州：广东教育出版社，2006.

[8] Doll，W. E. Jr. 后现代课程观[M]. 王红宇译. 北京：教育科学出版社，2001.

[9] 钟启泉，等. 基础教育课程改革纲要（试行）解读[M]. 上海：华东师范大学出版社，2001.

[10] 盛群力，李志强. 现代教学设计论[M]. 杭州：浙江教育出版社，1998.

[11] 崔永漷，施良方. 教学原理：课堂教学的原理、策略与研究[M]. 上海：华东师范大学出版社，1999.

教育学是一种实践的学问

不能从抽象的理论文本或分析体系中去寻找

而应该在生活世界中去寻找

……

教育学不仅可以定义为某种关系或某种行为的方式

而且教育学使得一个机遇

一个关系

一个情境或活动变得具有教育学意义

——马克斯·范梅南

第二章　研究的困境：我不知道研究什么

不少教师在接触研究工作时会感觉"头大"，更有甚者认为小学里根本就没有研究的必要或者不屑做研究，以为那是"假大空"的东西，老师把课上好、把学生管好最重要。

这些想法的产生，确实说明我们的"研究"出了一些方向上的问题，把"教师研究"和理论工作混为了一谈。教师在研究中成长，这点大家都没有疑义，基本上也不用再做阐释，不过大家对研究的内涵的理解有区别，一些教师认为把学生管好、把课上好就行，但其中的"好"就蕴含着如何改进自己教育教学工作的问题，而这恰恰是教师研究的真正意义所在。

"教育研究"如果用一张图来表示，也许会显得更加直观一些，见图 2-1。

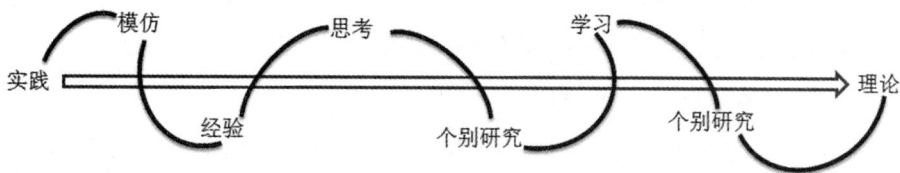

图2-1

显然，很多教师是凭借经验和模仿在实践着教育理论，我们一般认为这不是研究，但其实这可以称为"隐性的研究"，而且对每位教师来说，恐怕是更为经常性和更为重要的研究。我们通常所谓"研究"一般是指一些教师开展的个别研究和规律研究，因为这样的研究有很规范的流程，很规范的表述，也有很清晰或者说明显的成果，所以我们称之为"显性的研究"。我们从轴线中就可以发现，经验和模仿，如果不能和学习及思考融合，则只是"个人的"，而不能做"规律性"的普及，这些经验是否科学也无法考证，这就是经验和模仿还需要走向研究的原因。

所以我们说，教师遇到的真正问题不是探讨要不要研究的问题，而是不知道研究什么、怎么研究，以及研究时间从哪里来。这三大疑虑制约着整个教师研究的推进。在第二到第四章中我们将分章对这三个核心的问题进行讨论。

很多教师都说，听了很多的讲座和报告，自己也想了很多的问题，但轮到自己研究了，想来想去，就是不知道自己到底应该研究一些什么。大家都有这样的体会，想来想去想不好课题，然后就过了申报的时间。只要错过了一次申报的时间，下次申报的时候，就更容易放弃，因为既然前面能找到不申报的理由，第二次这个理由就会更加充分，因为已经有前面一次的"经验"了，这也是一种"路径依赖"。

大家的困惑也许主要集中在这么几个方面：这些东西别人早就做过了，自己做就显得信心不足，或者是这个东西不知道该怎么做才好，还有当然是因为研究会有一些规范性的要求，而有些规范性的要求会使我们感到"不舒服"，譬如概念界定什么的，没有在大学里做过论文的还真不太弄得清楚。

针对上面的问题，我们必须厘清这个问题：我们做研究是为了什么？其实就是研究的价值观问题。我们每个人做事情，背后一定有我们的价值观在支撑。大概的层次是这样的：

核心层（价值观）—机制层（制度及流程等）—行为层（活动、课程、教学、评价等）—物化层（环境、成果等）。

所以，我们在研究之前，要明白的是我们作为一线的教师，是为了什么而研究？是为了学生的更好发展，为了自己的专业成长（其实这也是为了学生的发展，但内涵上有所区别，所以特别注出）。因此，这个研究别人是否做过、是否新意不足都不应是教师研究应提前考虑的问题，我们的研究如果能解决学生的一个问题，那就是很有价值的研究。

当然，研究的选择是有一些方法的，我们需要寻找到一些我们感兴趣的话题来进行研究。如果你正在为选择研究什么而苦恼，那应该先想想自己到底想为学生解决什么问题，同时，可以尝试下面的一些研究路径。研究的路径主要是实践，其次是阅读，再次是交流。

研究的规范性要求是为了"交流"的需要，只有通过那些看上去"不舒服"的东西——什么概念界定啊、研究综述啊……我们才能与很遥远的地方的人畅通地交流，因为有了这些规范，很多的解释性内容就不用重复了。笔者平时和教师聊天和交流，总有一种感觉，就是教师们特别喜欢寻求将复杂事物简单化的处理办法。这可能与教师们平时工作繁忙、希望快速解决问题的心态有关。但是，做教育研究就是要有探究精神。也许有人会反对，认为一深入研究就把简单问题搞复杂了。其实不然。教育是复杂的事情，教育中的不确定性非常大，不是用简单可以涵盖的。系统论有一个基本的观点：复杂的系统，必须有一个更复杂的系统才能统率，而不是相反。

第一节　实践出问题：研究就是加上一点点思考

作为一线教师，我们的研究来自于实践。一线教师有着得天独厚的实践环境与时空，这些资源我们要看重用足，要做实践工作的有心人，我们发现问题，也要及时将自己的设想付诸实践。只要有教育的理想，研究的问题随处可见，学校教育提供了足够丰富的研究素材和研究机会。

我们的实践基地是自己的班级。立足本班儿童，仔细研究，针对他们的实践会让你对学情有更为全面和细致的了解。学生肯定是研究的重要内容，虽然无数的书籍和培训已经反复讲了很多的道理，但是，面对每个学生，主要还是要靠自己的研究。因为教育问题的复杂就在于，每个学生之间的差异实在是太大了。前不久我看到一项国外的研究，它主要是研究学生上课为什么要喝水？研究的结果是：学生上课喝水是为了集中自己的注意力。你看，这不是一个很细小但很有意思的研究吗？如果我们能把研究做得与学生日常学习生活相结合，肯定有很多的收获。

我们实践的基础还有我们的学科。每一个学科的内容，都蕴涵着无数的研究因子，尤其是人文学科，研究的空间很大。假如每个教学内容你都问一下，这不是最好的处理办法吗？还可能有更好的办法吗？当你遇到一个自己也说服不了自己的问题时，你就去查书、查文献、询问你的老师或者专家，根据各方面反馈回来的信息，你的研究不就有了基础吗？

我们实践的内容还有自己的管理。每一位老师都是管理者，都是育人者。儿童世界的复杂性和持续性，会对我们的实践提出挑战，教育的"情境性"实在太强了，即使你学习了很多的理论和实践，还是会发现这些理论在"情境"上有比较大的差异，因此从这个意义上说，教育可研究的东西太多了。相比发达国家的教育研究，我们在这方面的研究还不多。

所以，我们一线教师的研究，其实是实践的副产品，是在实践的基础上的自然收获。既然能够收获，我们何乐而不为？

📋 【案例2-1】 第十名现象[1]

　　十年的跟踪记录，十年的资料积累，十年的风雨奔波……杭州市一名小学教师发现一个耐人寻味的现象：第十名左右的小学生有着难以预想的潜能和创造力。

　　正当人们跨进新世纪门槛的时候，一个新的观点如一阵旋风在浙江教育界平地而起。从校园到有关管理部门，从学生、家长到专家名流，都对此产生共鸣并给予关注——它就是杭州市天长小学周武老师所发现的"第十名现象"。

　　53岁的周武在天长小学多年担任班主任。1989年，他开始了一项关于该校小学毕业生成长经历的跟踪调查。在十年的调查中，他发现了这样的规律：在实行百分制的情况下，小学期间前几名的"尖子"在升入初中、高中、大学之后（乃至工作之后）有相当一部分会"淡出"优秀行列，而许多名列第十名左右的学生在后来的学习和工作中竟出人意料地表现出色。

　　周武一直是杭州市天长小学的业务骨干，多年任该校毕业班的班主任，这给他的跟踪调查创造了便利。

　　中小学生的生活本该是天真烂漫、轻松自如的。但是功课的压力、学科分数的压力、家长管教的压力、考学的压力却使他们多了一份又一份沉重。在这种高压环境下，学生们的生活已显得单调、沉闷。而周武就是要在这种背景下，找出孩子们的成长规律，以便为中小学教育的改革提供一点可参考的资料。

　　这正是他立志搞好长期跟踪调查的根本原因。

　　在总结的过程中，周武曾将调查对象分成多个组别。如各个阶段中前3名为一组，4-10名为一组，11-20名为一组，21名以后为一组；再如将前5名为一组，6-15名为一组……但是不论怎么分组，位于尖子生组的名次稳定性都是较差的，而名次位于第十名左右的却在后来的学习中显示了当初意想不到的潜力，而且有相当一部分后来一跃成了尖子生。

---

[1] 根据《钱江晚报》报道等多种材料整理。

在多年的调查中，这一现象竟如出一辙！

周武没有想到，对从87届到97届的700多名天长小学毕业生的跟踪调查中，这一现象竟谜一样地贯穿始终。

看来，第十名左右的小学生在今后的成长中有着难以预想的潜能和创造力，而这种潜能和创造力也必然会影响到他们将来各自的社会实践……

周武将这一现象命名为"第十名现象"。

"第十名现象"是天长小学一位普通班主任的"草根"研究，但当时在百度上，"第十名现象"有776000个搜索结果，"第10名现象"有23100000个搜索结果。而且，这一研究被延伸为"第十名效应"和"第十名理论"，在学术界和社会中有广泛的影响力。

"第十名现象"可以用著名心理学家斯腾伯格的成功智力来解释：他把学业上表现出来的智力称为"惰性智力"，而成功智力是达到人生中主要目标的智力，它包括：创造性能力、分析性能力、实践性能力。成功智力在现实生活中不是稳定不变的，而是可以不断修正和发展的。我们在教育上要使孩子在学业智力和成功智力上保持协调、平衡，要发展孩子的人际沟通能力、管理领导能力、艺术创作能力、动手能力。

周武老师就是在自己几十年班主任工作的基础上，在偶然的思考中发现研究的问题，并做出了研究的成果。这样的成果，才是我们小学教师应该追求的研究成果。我们在实践中所研究的题目一定要有一些心得体会，要是自己日常工作碰到的，不要为了"求新求异"而脱离自己的工作实际。

第二节　关联思维：找问题也有学问

研究来自实践，但一些研究并非能像上文中周老师的情况一样从实践中"自动"浮现出来，或者说，在我们现在研究的大环境下，要想所有的研究都会凭借个人几十年经验的积累而自动浮现出来，基本不现实。

那么，我们就要借助一些方法来进行研究。研究是科学，所以自然也是有方法的，而寻找问题也是有一些方法的。

如果你真的一时找不到研究的问题，不妨把自己最关心的领域罗列出来，然后依据下面的表格进行关联，你就会发现很多可研究的领域和课题，如果你是小学语文教师，喜爱音乐，喜欢看故事，喜欢看电影，我们来看一看这些领域会对你的研究产生什么启发，见表2-1。

表2-1

	小学语文	音乐
故事		
电影		

你把这些你关注的领域进行交叉后就会得到"小学语文故事教学"、"小学语文中的音乐元素"、"小学语文教学中电影的引入"等不同的研究问题。如果把所有关注的问题"立体化"，得到的交叉点更多，研究的内容也更丰富。

关联的思维是研究所需要的，或者叫相关性。教育的本质就在于学生与外部世界的相关性，如果我们再做一些梳理，作为一名小学教师，在日常工作中产生相关性的问题主要有下面几类：

特别成功的事情。每位老师，总会有自己的得意时刻，或者是因为转化学生成功，或者是因为组织活动成功——某种意义上来说，教师的得意时刻的多少，就决定了教师本身的幸福感的强弱。这类问题的相关性需要思考：是否我的谈话刚好说到了点子上？活动成功的要素到底有哪些？这些成功可否复制？把这些东西做整理，我们就找到了许多研究点。

特别失败的事情。这样的事情，对于一线教师来说，就更多了。实事求是地说，在每个学校的办公室，肯定重复着这样的话：怎么说了这么多遍，这个孩子做题目还是错了？这个东西到底怎样讲学生才听得懂？对这些问题的分析，也是极有价值的。这个题目错了是只有少数人错，还是都错了？如果是少数人错，那其中的原因是自身的原因还是老师的原因？这些问题的解决，会给我们的工作带来很多的幸福感。

特别困惑的事情。这些问题可能涉及教育的一些本质性的东西。我们总是会有很多的困惑，比如我们课堂气氛活跃了，学生喜欢上课了，但考试却不怎么样了。这个时候需要将问题进行关联，而千万别直接做出这样的判断：考试成绩和课堂活跃程度是矛盾的，然后赶紧布置大量的试卷，赶紧让学生多做题目，最后学生的成绩上去了，但我们教育的成就感增强了吗？对考试的研究不足，导致我们总在这个问题的两端挪移。其实考试本身不是值得讨论的问题，怎么考试才是更有价值的问题。如果取得了好的成绩，确实需要总结，但不应该是提高学习兴趣、课堂教学生动之类忽悠人的说法，而要切实提供可以操作的方法，譬如抄写词语，究竟怎么抄写的效果是好的？对于这些问题的争论和实质性的研究，我们只要多关注美国、德国等国家的老师的研究成果即可。他们研究的那些技术性的问题，虽然可能有些也会有偏颇，但会给我们提供很多的启示。

【案例2-2】 特别成功的事情：一次习作的思考[1]

文章本天成，妙手偶得之

"丁零零……"，上课铃响了，我准时踏入教室大门，迎接新的一课。走进大门，才发现今天教室里的气氛与往常有点不一样，学生们似乎还未进入上课的状态。再仔细一看，满地都是面包屑。我有点明白了：这群孩子……一问，果不其然，有几个同学下课在"大闹天宫"。我不由得皱起了眉头：有的学生还在生气，因为面包屑无缘无故扔到了他的头上；有的还在向同桌打听，因为这件事他知道得不太清楚；有的满脸兴奋……按计划上课肯定不能吸引学生注意力了，怎么办呢？

忽然，我灵机一动：阅读课上不成了，但这却是难得的作文素材，何不就这件事写一篇文章呢？主意一定，余下的事就好办了。兹选择其中的

---

[1] 节选自《用思考的眼睛注视……》，文章曾获上城区专题论文二等奖、杭州市三等奖。本书所选文章如果没有特别注明，作者为本书作者，下同。

两个教学片段：

片段一：

师：下面开一个"记者招待会"，让老师也了解一下事情的情况。（有同学面露喜色，肯定他本来就想了解情况。）

生1：我在座位上，一块面包飞到了我头上……

师：建议你等会儿的文章可以取题为"飞来的'面包'"。（众笑）

生1：我看见×××同学在笑，就把面包朝他扔过去了。

师：你很有想象力，以后大家千万别朝她笑，不然面包也会扔到你们的头上。（众笑）

生2：我笑了笑，她就朝我扔，我就以牙还牙，扔了回去……

师：于是，两个人扔来扔去，面包变成了"排球"。（众笑）

生3：后来还变成了"足球"。（众笑）

师：哦，你说一说！

生3：后来面包落到了体育委员脚边，他就抬起一脚。（体育委员不好意思地站了起来。）

生4：老师，我不应该踢。

生5：老师，我是旁观者。（师插话：当局者迷，旁观者清。）我认为同学之间不应该把面包扔来扔去。

生6：这是×××的早饭，现在×××只有挨饿了。（大家都朝×××看了一看，表示同情。）

师："谁知盘中餐，粒粒皆辛苦"，可惜啊！

片段二：

师：刚才同学们通过讨论，都知道了事情的来龙去脉，一些同学也承认了错误，下面为我们的作文取一个题目，行吗？

生1：《课间"变奏曲"》

生2：《课间面包疑案》

生3：《谁动了我的面包》（×××同学，这一题目令人拍案叫绝。）

生4：《面包·足球·排球》

生5：《"飞来横祸"》

生6：《由一只面包引发的……》

生7：《课间"三部曲"》

…………

两节课后,学生们都出色地完成了作文,字里行间流露出每个人的独特感受,一张张笑脸也似乎比往常更灿烂了……

【思索】

思索一：关注课堂动态生成。课程论专家认为,只有进入了学生的学习活动的内容,才真正称得上是课程。真正的课堂教学是动态生成、即时生成的,而不是完全按照预设教学计划进行的。有教育专家因此提出"教师即课程"的理念。《语文课程标准》也指出："教师应高度重视课程资源的开发和利用。"这就要求语文教师成为课程的开发和创生者,而不仅仅是课程的执行者。课程从本质上说是一种教学事件,教学在本质上是一种课程开发过程,从课程的视野来看,动态生成是实现课程"回归生活"的理想途径。

思索二：满足学生情感需要。学生的课堂状态是影响学生积极、主动学习的主要因素。在传统教学范式中,我们一般将学生的情感作为学习这一整体的 "动力系统"部分,而现在我们认为,对学生情感需要的满足,关注学生的学习兴趣,是课堂教学目标的一个达成维度。满足学生情感需要与促进学生的发展、成长是紧密联系在一起的。

思索三：提供自主作文时空。《语文课程标准》指出"提倡学生自主拟题"；"为学生的自主写作提供有利条件和广阔空间,减少对学生写作的束缚,鼓励自由表达和有创意地表达"。在实践中,学生有了自己不同体验和感受后,教师要把握时机,及时地引领和点拨,学生充满创意的文章就会呈现在你的面前！南宋陆游曾有诗云："文章本天成,妙手偶得之。"大概也是这个意思吧！

第三节 深化跟踪：沿着别人开辟的路

记不得在哪本书上看到，黑格尔曾说：我们不过是把前人做过的事情再重复一遍而已！

这句话给我们的启示就是：在很多事情上，我们都可以找到前人的足迹。在研究问题的过程中，沿着前人的足迹，也是一个很好的办法，因为学习是一项"共享"的事情。在与别人的交流中（直接交流或者阅读别人的成果都一样），肯定会有很多的启发和收获，因为这些问题别人已经经过了思考，与他们交流会帮助我们较快地对这一领域研究的现状有所把握，从而使我们更容易地找到自己的研究内容和路径。

那么，有哪些方法可让我们获得别人的经验呢？以下三种方法都是比较简单易行、具有操作性的。

第一种办法，通过省市区研究部门的各类立项的项目来查找。登陆科研网站或者看各类文件，都可以查找到近年来的一些研究热点或者重点项目，也可以知道不同区域的研究方向。把这些研究问题与自己的思考和实践相结合，就能很快找到适合自己研究的问题，这等于是站在巨人的肩膀上前进。每个研究主题的提出，提出者都已经做了多方面的思考，尤其是省市一级的研究项目，一般都是比较成熟的项目。当然，这些研究项目的限制也是十分明显的，就是和一线教师的工作的结合程度不同，尤其是国家和省级的研究项目，一般都是以学校或者区域为研究单位的，并不一定适合教师个人的研究，但其提供的信息的前瞻性和视角值得我们关注。

【案例2-3】2014年浙江省教科规划课题（部分）[1]

课题编号	课题名称
2014SC001	以微视频为载体的初中课堂教学改进行动研究
2014SC002	PTR的同伴干预提升自闭症学生沟通能力的个案研究

---

[1] http://www.zjedusri.com.cn/

续表

课题编号	课题名称
2014SC003	幼儿园中大班幼儿个别化学习项目的设计与实践
2014SC004	两卡·两本：以学定教理念下自主课堂的载体设计与实施
2014SC005	基于学习经验：小学"新学习共同体"的建构与实施
2014SC006	百草园：幼儿园庭院自然资源的开发与利用
2014SC007	五性·五点·五度：构建有效课堂的策略研究
2014SC008	融合保教：学龄前特殊儿童早期干预的实践研究
2014SC009	基于幼儿健康生活的"八小活动"的设计与实施
2014SC010	3-6岁儿童学习与发展表现性评价的研究——以科学领域为例
2014SC011	童话中的游戏王国——幼儿园"童话游戏场"项目的开发与研究
2014SC012	基于国际视野的"阳光课程"设计与实施研究
2014SC013	灵动·和美·智慧：融合西湖文化打造学校"幸福工程"的实践研究
2014SC014	"五行修炼"：共同体学校文化培育路径设计与载体创新的实践研究
2014SC015	趣学堂：幼儿园与家庭、社区合作共育机制的创新研究

　　从上面15项研究中，我们很容易发现小学阶段的研究主要集中在三个领域：一是学生的学习；二是学校课程；三是学校整体提升的路径。根据自己不同的工作领域，我们就能很快寻找到自己感兴趣的研究课题。当然，如果能从不同省市的研究着眼，那么，视野会更加开阔，收获也会更大。

　　第二种办法，关注所关心领域的学术机构的会议。在现在的情况下，许多会议都还属于半封闭的状态，因为这些会议的组织者主要是一些学会，而国内的学会有半官方的性质。这些会议往往会传递一些新的信息，学会的论文集或者学术交流主题都会给人以不同的启示。学会的学术研究主题一般和教师非常贴近，但学会的缺憾是，并不是每个人都能参与其中，因为学会往往是会员制的，而且，学会的活动一般也就是几次年会，提供的信息量不够丰富，不适合每个教师的参与及借鉴。但现在的学会有扩大影响的趋势，关注这些学会，积极参与这些活动，会对自己的研究有不少益处。

📋 **【案例2-4】中国教育学会关于举办第二十六次全国学术年会（2013年）微论坛主题**

1. 中小学个性化教育的理论思考与实践探索
2. 创建属于自己的教学模式
3. 以多元化课程为依托，以多维度评价为抓手，提高教育质量的实践与研究
4. 构建成就学堂，提高中小学教师课堂教学效能
5. 再谈教育的独立价值
6. 行动学习在教师培训中的应用
7. 研修一体课程建设提高教师培训质量
8. 如何提高教育科研的实效性

以上是我以"学术年会"为关键词随机在网络上搜索到的信息，从这次学术年会的微论坛主题看，从全国来说，教育学会的专家们选择了"个性化教育"、"教学模式"、"多元化课程"、"成就学堂"、"行动研究"等几个领域展开前沿性探讨，可以给我们提供一个侧面的研究指导。

第三种办法，关注你所在领域的国内外重要期刊和重要博客。一些期刊每年都会办一些主题的学术论坛，这些论坛主题一般就是带有开创性研究的一些热点问题。对期刊的关注相对来说较为简单，但是这些研究在期刊上发表时，作者其实已经进行了很长时间的研究。也就是说，这些研究具有一定的滞后性。跟这些期刊基本内容雷同，而时效性较强的是一些重要博客，博客查找很方便，而且即使是在研究的表达方面，往往也可以发现完整的脉络，便于我们对这一问题有比较完整的理解。

【案例2-5】我的博客关注

　　我对博客的关注有两条要求，一是这位老师在这个领域中确实有自己的想法和实践，而且表达比较通俗；二是博客保持适当频率的更新，一周至少更新数次（对那些资深的专家不敢有此要求，但也不能半年不更新）。下面是我每周必看而且觉得很有收获的博客。从这些博客中，我们很容易发现自己研究的问题。

　　班主任博客：李镇西，陈宇（老班老班）；

　　习作专题博客：吴勇，何捷，钟传祎等；

　　语文学科专家：薛法根，宋运来等；

　　语文教育专家博客：王尚文，孙绍振，温儒敏，吴非等；

　　其他不同领域的博客：刘良华，李振村，李杭育，麦家，张五常，时寒冰。

第四节　材料的分析："无中生有"的元分析

　　元分析是指对众多现有的实证文献的再次统计，通过对相关文献中的统计指标利用相应的统计公式进行再一次的统计分析，我们可以根据获得的统计显著性等来分析两个变量间真实的相关关系。

　　对小学一线教师来说，元分析并不是什么高深的东西。其实对我们来说，元分析可能是更加重要的发现研究问题的途径，因为我们每天做的事，从某种意义上来说，具有重复性。我们上的课，可能已经在全国有数以万计的人上过，而对这些内容进行分析，本身也是为了改进我们的工作，为我们的课堂实践提供支撑。我们一线教师比较擅长的元分析主要集中在这两方面上：

　　对不同课例的元分析。对此，每位教师都很熟悉，我们上研究课或者公开课之前，往往就是先把不同教师上过的课堂示例拿来进行分析，然后取其所长进行学习，设计出自己的课堂教学。这其实就是最简单的元分析。

对研究主题的元分析。这个也可以简单地说成是研究综述。所谓研究综述，就是对所有涉及同类研究的内容进行整理，发现长处和不足。这类元分析，往往被认为是一种基本的研究素养。

元分析具有很多其他研究方法所不具有的优势，其中最大的优势就是只要掌握足够的材料，就可以进行研究，而在现在网络技术、云计算大发展的环境下，获取资料的便捷性已经足够让我们完成想完成的分析。

同时，因为元分析是一种基本的研究素养，是为更为深远的研究做准备的，因此，对每位一线的教师来说，学习一些元分析的技术就尤为重要了。

【案例2-6】关于"差异"的简单元分析

2013年，在学校整理差异教育经验的时候，我想到也许能够从元分析来看我们提倡的理念是否在教师的行为中得到体现，最简单的办法是统计近3年学校通讯中"差异"和"个性"的出现频率。通过对全部这些通讯的检索，分析"差异"或者"个性"的出现频率，从一定意义上来说能够反映大家对此的思考。而且，因为通讯的写作在我们学校基本上是轮流"操刀"，在样本的采集上也具有代表性。更为重要的是，这些数据是真实的，因为在写通讯的时候，基本是"低利害"的（即通讯的发布和教师的相关利益的关联性很低），保证了相对的客观性。以下是统计的情况（表2-2，表2-3），是不是觉得元分析很有意思也很简单呢？

表2-2　天长小学2010年9月至2013年9月通讯稿中"个性"与"差异"出现的次数

时间	关键词	
	"个性"出现的次数	"差异"出现的次数
2010.9–2011.9	28	157
2011.9–2012.9	34	96
2012.9–2013.9	70	190

注：数据源于天长小学2010年12月至2013年9月在学校网站上发布的所

有通讯稿的文字材料。由于2010年9月至2010年11月缺少研究资料，因此本数据存在一定的误差。

表2-3　上海某著名小学2010年9月至2013年9月通讯稿中"个性"与"差异"出现的次数

时间	关键词	
	"个性"出现的次数	"差异"出现的次数
2010.9-2011.9	2	3
2011.9-2012.9	2	0
2012.9-2013.9	3	3

注：数据源于该校2010年9月至2013年9月在学校网站上发布的所有通讯稿的文字材料。

第五节　理想而可行的目标：研究一定有假设

假设就是根据现有的科学理论、事实，对所要研究的课题设想出一种或几种可能性的答案、结论，或者说，假设就是对研究成果的期待。简单地说，假设是待解决问题的暂时答案。

科学研究的第一步是提出问题和假设，第二步是根据提出的问题去找数据、案例等支撑材料，第三步是做分析，检验假设的真伪，第四步是根据分析检验的结果作出解释，如果结论是证伪了当初的假设，那么，要搞清楚为什么错了，如果是验证了当初的假设，那又是为什么？第五步就是写报告或者文章。

由此可见，如果研究具有实效性，则一定有假设。研究假设具有以下两个特征：研究假设对研究的问题作出的尝试性的回答（一般来说，这个回答八九不离十。在我们一线教师中，这个回答的肯定性更强，因为一线教师的很多研究是验证性的、改进性的，也就是说，前期已经有了结果）；研究假设需要教育教学实践来作出回答，这种回答应在一定程度上是可复制的。

提出一个研究假设是很不容易的，因为提出研究假设是要研究者在对该事物具有了透彻的认识之后才能提出。这意味着，进行研究是需要积累的，没有积累过程，你无法预见未来的发展状况，也就无法为你当下的研究提出假设，从而进一步推进研究。

杜威说"研究假设就是对所研究问题的一种最有可能性的答案的猜测"。能够对问题的解决方案的各种可能性进行猜测并在各种可能性之间进行排除是非常不容易的事情，你如果对该问题认识非常浅是不可能做到这一步的。这也是许多研究没有假设的主要原因。我们先来看一个案例：

杭州市天长小学从1983年开始，在当时的杭州大学教育系的指导和参与下，进行小学生最优发展的综合实验，他们通过对"幼小衔接"、"课堂教学和课外活动的整体综合"、"学生自学能力的培养"以及"学校的综合管理"这四大子课题的研究和改革实践，验证了课题组的实验假设，即"在整体性观点的指导下，运用综合性的方法，综合设计和组织教育教学过程，其教育效果可以高于目前一般教育教学工作所能达到的水平，从儿童实际出发，使实验班每个学生在德、智、体、美、劳诸方面得到最优的发展，这在适当的条件（最佳环境和最佳精神状态）下是可以实现的"。与此同时，作为实验对象，天长小学学生的德、智、体发展确实属于当时的杭州市最高水平，学校的发展也上了一个台阶。[1]

其实，如果我们从解释学的角度思考，任何话题中都蕴含着假设，只不过我们把有些假设当作了实际存在而没有引起重视，如"你最近好像瘦了"这句话中，至少包含着这样一些假设：

你最近是否有什么不顺心的事情啊？（不顺心导致瘦）

你最近是否很辛苦啊？（辛苦导致瘦）

你看上去好像神色不太好。（直接说神色不太好，说明你瘦了）

……………

我们来简单地看几个实际的案例，就会明白，我们都很可能凭借自己

---

[1] 杭州市天长小学课题组，杭州大学教育系. 整体优化教育的理论与实践[M]. 杭州：浙江教育出版社，1991。

的经验轻易做出假设，虽然，这些假设有时候是完全错误的。

我们在小学阶段的习作教育中思考的一个核心问题是学生的习作内容的问题，国内有很多专家期望破解这个难题，也有了许多尝试，其中比较成功的是"模拟作文"。"模拟作文"的实践是基于一个假设，就是小学生作文写不好，是因为缺少习作的内容——因此由老师进行"现场的模拟"，这样，学生就能写出内容详细的习作了。

但这一假设成不成立呢？我们需要回答两个问题：第一是学生的生活没有内容可写吗？第二是模拟生活与学生的日常生活能得到迁移吗？如果这两个问题不能得到很好的解决，那么，"模拟作文"就不能说是一个很成功的研究。

【案例2-7】"校本专题习作"的主要假设[1]

为了研究和解决当前小学语文习作教学实践中存在的问题，无数的专家和学者提出了自己的解决路径，这些路径有些侧重于解决习作兴趣，有些侧重于解决习作内容，有些侧重于解决习作评价。我们的习作教学从"学生学习"的角度观照，提出"校本专题习作"的两个假设：

1. 一种习作模式是不可能解决班级中每个学生遇到的习作问题的，不同学生需要掌握的习作策略是不同的，必须从不同的路径解决，就是"校本专题习作"课题指出的"专题"，专题其实是习作需要解决问题的策略菜单。学生在掌握了习作策略后，才能提高习作水平；

2. 学生学习的主"生态圈"是校园生活，城市中的孩子尤其如此，因此，习作策略依托校园生活是重要的路径。

从上面两个假设，我们可以发现，"校本专题习作"不同于习作教学中各大流派的主张，譬如"童话习作"，"童话习作"在小学习作起步阶段尤其对学生想象力的开发确实有很好的作用，但进入高段以后，学生抽象

---

[1] 节选自《活源·体验·达意——以校本文化为核心的专题习作教学研究》，成果获杭州市科研成果三等奖，中国教育学会"阳光杯"作文论坛论文评选特等奖。

思维强化后，如果习作重点还放在"童话"上，就会产生问题：首先是不适应现实的土壤（不论是与中学接轨还是考试习作的倾向性，对童话的要求都比较弱）；其次，学生群体中虽然还有一些人依旧喜欢童话习作，但确实也出现了分化。

第六节　研究需要划定"疆域"：把问题问到能研究为止

研究需要划定"疆域"。很多时候我们做研究，初始的设想往往都简洁明了，但后来写方案的时候就开始放大，到请了专家指导后，就更为放大，结果，本来精干的研究变成了"虚胖"。大家都说"切口要小"，其实，这些研究的切口本来是很小的，但想着想着就大起来了，而且总觉得不做大一点有点浪费自己的思考。我们的文章越写越长了，我们的研究也就越来越复杂，但最后看来，时间都浪费在那些其实和我们的实践不太有关联的东西上了。

研究一定要有疆域，不要什么都想研究，只要研究自己最感兴趣的或者最重要的一点就可以了，下面我们介绍的方法就有助于我们对研究的分析和澄清。

5W1H分析法为我们提供了科学的工作分析方法，常常被运用到制订计划草案上和对工作的分析与规划中，并能使我们的工作有效地执行，从而提高效率。我们现在把它应用到日常的研究中。

5W1H是对选定的项目、工序或操作，都要从原因（何因Why）、对象（何事What）、地点（何地Where）、时间（何时When）、人员（何人Who）、方法（何法How）等六个方面提出问题进行思考，如果针对每项研究，我们都能做这些方面的思考，我们就会把自己的研究思路和主题厘清，我们对研究的把握就不会"眉毛胡子一把抓"了。下面我们来看看怎样把自己的研究思路整理好。

1. 对象（What）——什么事情

这项研究所研究的到底是什么？为什么要对这个进行这个研究？能

不能研究别的？

2. 场所（Where）——什么地点

研究的地方是哪里？是在教室还是在学校的其他地方，是在学校还是在家庭？为什么偏偏要在这个地方？换个地方行不行？到底应该在什么地方？

3. 时间和程序（When）——什么时候

这项研究是在什么时候进行的？为什么要在这个时候？能不能在其他时候？把后面的研究提到前面行不行？

4. 人员（Who）——责任人

这项研究主要是谁在负责？为什么要让他负责，其他人可不可以？

5. 原因（Why）——为什么

为什么研究这个问题？为什么不研究其他的问题？其他的问题和这个问题有关系吗？这项研究是不是找到了主要的原因？

6. 方式（How）——如何

我们是怎样研究的？为什么用这种方法来研究？有没有别的方法可以研究？

我们还可以从管理学中学习，譬如管理学中比较常见的工具鱼刺图常常被用于分析关键原因。

问题的特性总是受到一些因素的影响，我们可以通过头脑风暴列出这些影响因素，将它们与特性的相互关联性整理得层次分明、条理清楚，并标出重要因素，这样就形成了特性要因图。因其形状如鱼骨，所以又叫鱼刺图（或鱼骨图，见图2-2）。鱼刺图是由日本管理大师石川馨先生所创，故又名石川图。它是针对研究对象寻找关键因素的一种有效工具。

鱼刺图制作分两个步骤：分析问题原因及结构；绘制鱼刺图。

首先是分析问题原因及结构：针对问题点，选择甄别方法（如内容还是形式）；通过脑力激荡分别在各层别类别中找出所有可能原因（因素）；将找出的各要素进行归类、整理，明确其从属关系；分析选取重要因素；检查各要素的描述方法，确保语法简明、意思明确。

然后是绘图过程：填写鱼头（即主要问题），画出主骨；画出大骨，填写大要因；画出中骨、小骨，填写中小要因；用特殊符号标识重要因素。

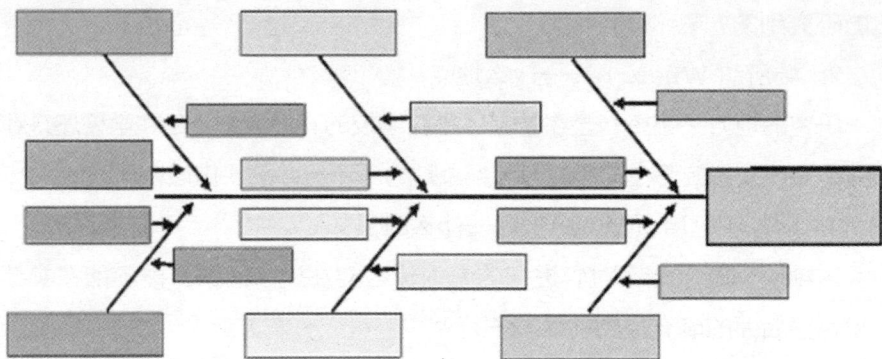

图2-2

我们综合起来看，5W1H和鱼骨图有相同的地方，它们都是把原因进行梳理的一种工具，在梳理的过程中，我们就能找到真正想研究的东西。

下面我以自己所做的一个研究为例，说明使用这些工具进行思考的过程：

【案例2-8】《小学习作表达方式的研究》的研究主题确立

2010年我进入杭州师范大学攻读教育学硕士学位。在学习期间，令我印象最深刻的是两件事情：一是英语实在难读；二是硕士论文的完成对自己很有启发。下面我重点介绍的是硕士论文写作的整个过程，因为这个过程，恰好就是研究不断得以澄清的过程。

这是相当痛苦的一个过程，但我本来就准备认真完成这篇论文，而不是只想简单地完成论文，求个毕业就了事，我是想趁此机会真正感受一下什么是"做学问"。大约在第二年暑假，就要开始申报课题，我当时申报的课题是《小学习作的表达方式及教学设计研究》。但经过大量阅读，当进行细化研究的时候，在对对象（What）的思考中我感觉到这个问题不小，主要是因为表达方式很多，再涉及教学设计的问题，文章将是十分冗长的。经过慎重的思考，我觉得还是着眼在教学设计，兼顾表达方式，于是将研究改成《小学叙事类习作教学设计的研究》，当时的设想是结合实际，将主题集中在习作教学设计，同时因为小学习作主要是叙事类习作，于是有了上面的研究主题。但是，这个主题再往下细究，就又遇到了问题，叙事类习作的分类会成为问题，而如果这个问题不解决，文章的架构就存在问题。

这样又回到了最前面的问题：到底要研究什么？为什么要研究这个问题？怎么研究这个问题？

于是我再次大量地阅读文本，但更重要的是，我反复问自己：到底想研究什么？为什么要研究这个问题？

经过大约一个星期的痛苦取舍，我终于明白，我想研究的问题是小学习作的表达方式，因为现在我们的小学习作很少涉及表达方式的分类，教师在教和学生在学的时候，除了应用文，很少涉及文体意识，而这种缺失，使学生的习作只是完成"考试的作文"，而不是"作文"。这也是学生学了9年的习作，结果写出来还是个"四不像"的原因，因为他根本就没有思考过每一类问题的写法的独特性，以及面对的读者也都是不同的。

于是，研究的问题终于聚焦到《小学习作表达方式的研究》。

附录1：

本章拓展阅读书目

[1] 威廉·维尔斯曼. 教育研究方法导论[M]. 袁振国，译. 北京：教育科学出版社，2003.

[2] 刘良华. 叙事教育学[M]. 上海：华东师范大学出版社，2012.

[3] 施光明，俞晓东. 学校教育科研过程与方法[M]. 北京：新华出版社，2002.

[4] 刘良华. 教育研究方法专题与案例[M]. 上海：华东师范大学出版社，2010.

[5] 裴娣娜. 小学教育科学研究[M]. 北京：科学出版社，1999.

[6] 李冲锋. 教师如何做课题[M]. 上海：华东师范大学出版社，2005.

[7] 郑杰. 给教师的一百条新建议[M]. 上海：华东师范大学出版社，2005.

[8] 苏霍姆林斯基. 给教师的一百条建议[M]. 北京：教育科学出版社，2005.

[9] 张文质. 教育的十字路口[M]. 上海：华东师范大学出版社，2004.

你想美好吗？

你就读书吧。

不需要花费很多的金钱，

但要花费很多的时间。

坚持下来，

持之以恒，

优美就像五月的花环，

某一天飘然而至，

簇拥你颈间。

——毕淑敏

第三章　我没时间研究：时间挤挤总还是有的

"我没时间研究"几乎是很多一线教师面对研究的第一反应，这一反应，恐怕比不会研究更令培训者头疼。尤其是小学的一线教师，工作繁忙杂乱，在学校的时候很少有时间静下心来；回到家也总有一些事情需要处理。确实，教师的工作已经足够繁忙，如果再加上生活中的老人和孩子，如果没有足够的热情，恐怕没有时间进行研究。

但我们可以反过来思考，没有时间，这是否意味着我们只能在忙碌中度过教学生涯呢？是否只能每天重复忙碌的工作呢？是否存在改进的可能呢？

我们如果反思上面的问题，就会发现，教师们的第一反应中，其实蕴涵了一个被大家忽视的基本假设，就是我们往往认为工作和研究是两回事情。这可能就是问题的真正症结之所在，正是这一思维方式限制了我们的实践和思考。

教师的工作和研究是一回事情，而不是两回事情，这才是我们对研究应有的基本认识。如果有了这样的认识，我们对时间的概念就会有所变化。其实，研究的时间不是独立出来的，研究的时间就是工作的时间，当然，我们也不否认需要有专门的研究时间，譬如规模比较大的研究或者耗时比较长的文章的写作，总是需要一整段时间的，但是，这样的文章毕竟不会很多，也不是每位教师都需要做类似的研究，大部分的教师做的研究或写的文章，只要相对独立的时间即可，而且，如果是持续的改进性研究，应该不会占用很多的时间，因此，从总体上说：工作即研究。

第一节 行思合一：可能的解决之道

教师每天的工作都是忙碌的，但绝对不是简单的重复，因为我们的学生的发展日新月异，变化是我们工作的永恒的主题。

埃利奥特提出"教师即行动研究"，教师不再把可能带有偏见的专家思想视为当然，而是从自己的教学实践中提出问题、着手解决问题、提出假设、检验假设和评价，在此过程中获得专业自主和发展。

凯米斯进一步提出"教师即解放性行动研究者"，更加明确地指出，在教师自己的共同体指导下展开研究，专家只是帮助形成共同体。这种情形保障了教师对研究过程的充分介入，使得教师"解放"自己及其专业，从而获得专业自主和专业发展。

我们很清楚地看到：我们的日常教学实践和研究是一回事情，或者说，在研究中实践，在实践中研究。基于工作的研究在现代各国教师培训中得到普遍认同。

那么，怎么才能把自己的工作和研究结合在一起呢？

我们先来看看一般的研究过程：发现问题——提出解决办法——行动研究——结果反思。大约是这4个步骤，把自己的工作和研究结合了起来，也就是说，这几个步骤都浸润在工作中。这样，我们可以比较清晰地明白，行思合一的解决之道可以被分解为以下几个环节。

在工作中发现问题。（如何发现问题可以参照第二章。）

在思考中提出解决办法。关键是要提出解决的办法。如果我们在工作中发现了问题而没有想着去解决，那么，再多的问题也没用。当然，解决的办法来源于自己的经验、查找资料和书籍、请教专家等。在这其中，我们一定要有自己的设想。

在行动中解决问题。因为教育的内涵太复杂，因此，我们可能会提出一些解决办法，但在实际中可能还需要一些调整。有些可能用了办法后解决得很好；有些可能办法是用了，当时是解决了，但很快就反复；有的当时就没解决，那么需要在行动中进一步寻找解决的办法。

在工作中反思问题。如果面对一些新问题，用提出的办法很好地解决了，或者是遇到一个老问题，但用了新办法，结果就解决了，那么其中肯定有值得反思的问题，这其中有些可作为经验保存下来，而有些可作为文章的素材和别人交流分享。如果没有解决问题，那就更值得反思，究竟是某个环节的问题，还是自身设计的问题，还是随机的外界影响？

【案例3-1】校园德育"亚传播圈"的实践[1]

我曾做了一个叫作"校园德育'亚传播圈'的实践和思考"的研究，你千万不要一看这个题目就觉得那是一个有点玄乎的课题，请看此研究的来龙去脉——

问题：一个哭笑不得的案例。

随着互联网的普及与QQ等新式交往工具的兴起，学校和家长的交往也更为多元，但这多元中其实也蕴涵着新的风险。有一次，一位家长看到

---

[1] 本文获上城区科研成果评比一等奖；杭州市2009年学校德育研究优秀论文评比二等奖。

一位年轻教师的QQ签名是"最近比较烦"，这个家长看了以后一惊，因为刚好凑巧，这位家长在不久前和年轻教师有过一次不太顺畅的沟通。家长这下焦虑了，唯恐自己被教师认为"难弄"、"烦"，于是托熟人四处打听，最后的答案完全出乎她的预料，这位年轻教师只不过是最近和男朋友闹了点矛盾。

解决：这个故事带点黑色幽默，但对于学校管理者来说，是一个值得思考的问题。家长为什么关注教师的QQ签名？家长和教师的沟通为什么没有多元的渠道？

行动：我查找了很多的资料，开始时从网络德育的路径查，但我总是觉得这样还是不能很好地表达我对此的理解。后来有一次我看资料时偶然发现了"亚传播圈"这个概念，它说出了我想表达的意思。所谓"亚传播圈"，是指在网络建设和应用比较成熟的社区，人们在信息获取、网际交往以及休闲娱乐等行为上逐渐对校园网络形成依赖，这个人群具有相对的稳定性，具有特定的传播信息内容。这其实是一个人周围最具有影响力的传播圈，从"亚传播圈"这一特殊群体切入，我们开展了基于校园网、基于班级博客、基于"家校通"短信平台、基于即时性交流工具四类"亚传播圈"人群的实践，有效引领了学校家长沟通的平台建设问题。

反思：对"亚传播圈"的关注有利于教师和家长的沟通，其中蕴涵着哪些规律性的原因？对一些不使用媒体的人员（如家中的长辈），如何和日常的交往进行衔接？

第二节　小切口：试试微型课题

教改小课题或微型课题，是教师自发进行、自我负责的"常态化"研究行为。它提倡"教学即研究，教师即研究者，成果即成长"的理念。教改小课题从本质上来说是一种个人研究行为，由教师个人承担，研究主体同时也是责任主体和利益主体。

一般地说，教师做小课题研究，主要经历了发现问题——项目设立——自主组团（有时就是个人）——研究实施——交流成果，这几个步骤的实践过程。在其中，教师也要广泛涉猎有关的学术信息。小课题虽然小，但"麻雀虽小，五脏俱全"，与一般的课题研究相比，它只是涉及的人员和内容上，相对来说"小"一些，但在研究的深入程度上，可能比一般课题研究更加精致和完善。

如何具体开展这些小课题呢？让我们先来看看两位老师的问题。

陆老师：在教学中我们发现有的学生学习差，有的类型的题就是不会做，有的概念就是不理解，这就给我们提出了一个问题：他为什么不会做？为什么不理解？

张老师：许多数学教师都知道，小学几何知识是相互联系的，但其并不是一个严格的公理化的体系，是属于经验几何或实验几何。其内容也都是建立在学生的经验和活动基础之上的。而当我们给出一个几何问题让学生来解决时，他们会怎么利用自己的经验去解决呢？他们的头脑中到底是怎样想这个问题的呢？

上面老师的问题，也许经常会出现在我们的脑海中。教改项目往往就来源于教师的教育、教学实践，因此，需要在选题的时候注意项目的发现和选择，其主要依据就是教师的问题。当在教学中发现有的学生识字能力差，或者有的学生计算能力差时，那么我们就要问，这是什么原因导致的呢？是老师没有选用合适他的方法？还是他本身对这一学科缺少兴趣？或者是其他的原因？又比如，一个孩子上课总不能认真听课，上课基本不能参与师生讨论，严重影响了他的学习进程，那我们就要问，到底是什么原因导致这个孩子出现这样的问题？是倾听习惯不好，还是教师的语言速度和特征的问题？……这些问题，看似不大，但如果能够加以解决，则不仅解决了教师教学实践中迫切需要解决的问题，同时，也为这一类孩子的学习提升提供了路径。

适合教师做的微型课题主要有以下几类：

学生个案研究：几乎每个班级、每个学科，都会发现一些与众不同的学生。对这些学生的研究和关注，是老师的日常工作之一。个案研究一般对研究对象的一些典型特征作全面、深入的考察和分析。个案研究不能仅停留在对个案的研究和认识的水平上，而是需要认识教育与发展之间的因果关系，提出一些积极的教育对策，以便因材施教。如下面课题中的"关注每一个孩子的成长——对有暴力倾向儿童的个案研究"。

学习行为研究：学习行为是指学习过程和学习活动，受个人学习目的、学习态度、学习方法、学习习惯等综合因素的影响。学习行为对学生的学习成效有着直接的影响。如下面课题中的"小学数学应用题错误思维方式成因分析及对策"。

课堂教学研究：课堂是教师的主阵地，课堂教学是教师的基本工作。对课堂教学的研究和反思随时都在进行，课堂教学研究应该是教师的日常研究。如下面课题中的大部分都是针对课堂教学的某一方面开展的研究。

教材教法研究：教师教学工作的"吃透两头"，其中基本的是对教材的研究，包括对教材编写的研究、不同教材比较的研究等，如下面课题中的"Go for it 教材Section B 3a–4板块的读写教学研究"。

【案例3-2】微型课题举例：2010年度上城区教育科研立项课题目录（微型课题类）

编号	课题名称
1	幼儿园晨间活动生活化的组织策略研究
2	假装游戏促进托班幼儿同伴交往能力的发展
3	在涂鸦中开启幼儿创造性思维
4	消除托班幼儿入园焦虑的行动研究
5	利用"哑剧"激发小班幼儿想象力的实践与研究
6	小学高段语文前置性作业设计与评价的研究
7	关注每一个孩子的成长——对有暴力倾向儿童的个案研究
8	作业展示性评价对作业完成效果的影响调查研究
9	小学数学应用题错误思维方式成因分析及对策

编号	课题名称
10	小学高年级语文课前预习作业设计的研究
11	使用表格记录能力的培养
12	从小棒到字母——低年级学生数学符号意识培养的研究
13	教学板书在小学信息技术课堂中的应用研究
14	"吸引你的眼球"——数学课的导入研究
15	初中语文名著批注式阅读指导策略
16	Go for it 教材Section B 3a–4板块的读写教学研究
17	初中信息技术课堂"五分钟信息时事演讲"的探索与实践
18	常态课不同课型生生互动策略的研究

第三节　微团队：不妨做做项目研究

哈贝马斯曾经提出从工具理性走向交往理性，他认为沟通行为达到真正互动和理解的四条有效性原则即表达的可领会性、陈述的真实性、表达的真诚性和言论的正当性。他还提出达到交往理性的几条社会标准：

第一，理想的语言情境向每一个感兴趣的主体开放，使之可以参与话题并为自己的观点辩护；

第二，它能摆脱强制、统治、权力游戏等纯粹工具性和策略性的动机；

第三，它能把那些潜在于我们的断言中的认知性的、规范性的、表现性的三种有效性要求区分出来，并且仅仅通过辩论就达到这种区分；

第四，它能使人们自由地就民主意志之形成、政策连续的基础达成共识；

第五，它的结果是一项合理的同意，这项同意可以根据进一步的协商进行修正。

教研组的教改项目，必须找到合理的路径，转化为每个人都能进行的有效研究，这样，我们的教改项目才会真正起到解决问题、推动教育改革的目的。但是，教研组几乎都会遇到的问题就是：我们怎样才能把项目转化为人人行动的有效研究？

教改项目作为教研组的一种日常研究模式，带有一定意义上的强制性，同时，因为具有即时性，研究时间相对来说又比较短，所有教师要克服随意性。在实践中，在教改项目的实施中，前期的项目评审和后期的项目展示的规范，会让教改项目处于"形散而神不散"的状态——"形散"就是时间控制、内容选择、实施步骤等都相对自主，"神不散"就是解决问题、服务学生、专业成长的研究本意不能丢。

项目申报和评审。每位教师在日常教育教学工作中，都会有许多自己感兴趣的教改项目，有的可以是教育故事，讲述自己教育教学中的难忘的经历；有的可以是自己的一项研究，是自己专业发展中正在进行的课题；有的是问题解决的一次回顾，小到对某个教学实践的反思，大到回顾一个连续几年进行的教学研究。这些教改项目，需要向学校教研组和科研室进行申报，但时间可以相对自由，教改项目的申报和评审，汇聚了教研和科研的合力，真正实现教科研的一体化。教育教学项目评审制度，在制度上保证了项目的科学性和可行性，减少了随意性。

项目展示。教改项目要达到切实解决教育教学中的问题，同时促进教师个性化发展，其核心要素是要建立教育教学项目展示系统。在评审的基础上，学校要通过多种渠道、多种方式，创造条件让每位教师得到展示的机会，让他们在展示中寻求支持，在展示中得到认可，在展示中建立自信，在展示中促进对该领域内各方面问题全面深刻的认识，努力让教师成为某一个细分领域的专家。

【案例3-3】

独特的笔记本[1]

——小记"小学三年级数学1分钟笔记的研究"

很平常的一天，我像往常一样，在上完一节课后带着孩子们一起回顾这节课的学习："这节课我们一起研究了什么？"看着教室里齐刷刷举起来的小手，我突然不知道该请谁回答。怎样才能让每个孩子都有表述自己观点的机会？怎样才能让每个孩子更好地参与学习的整理过程？我困惑了。

正好，学校教研组推出了"1分钟笔记"的研究项目。何不让每个孩子记录自己的整理过程，并且在交流过程中不断提高他们梳理知识的能力？于是，我确定了自己的研究项目——"小学三年级数学1分钟笔记的研究"。

至今还记得孩子们拿到"1分钟笔记"的第一天那充满疑惑的眼光。这是本什么本子？有什么用？怎么会是彩色的？上面怎么有那么多不同的科目？于是，我告诉孩子们，这是一本"宝贝"本，我们可以把每节课最想说的一些话记录在上面，等到一学期结束了，你再拿出来看，就能看到你这个学期的成长历程。它就像我们的学习"日记"。孩子们似乎听明白了一些。

虽然嘴上和孩子们说得头头是道，可我的心里其实直打鼓。究竟记录些什么？怎样记录？为了更好地发挥这本本子的作用，我好好地翻看了教材，根据不同的学习内容，为孩子们设计了一些"1分钟笔记"的记录内容。

如：两位数乘一位数新授课"1分钟笔记"内容：

（1）今天研究的两位数乘一位数与前面学的有什么不同？请举例。

（2）你觉得最容易错的是什么地方？请举例。

（3）你还有什么困难？

（4）给自己今天的学习打分（☆☆☆☆☆）

……

内容有让孩子们整理知识点的，有整理学习方法的，有整理错例、分

---

[1] 本案例由杭州市天长小学吴玉兰老师提供。

析错误原因的，还有知识迁移的……几次下来，我发现孩子们已经会慢慢整理自己的学习了。

第三单元学完了，我让孩子们在"1分钟笔记"本上整理这单元学过的内容。教室里非常安静。突然，有一只小手高高地举起来，是逗逗。我奇怪地问："逗逗，怎么了？""吴老师，我能写自己的学习感受吗？"我一愣，转而一阵惊喜。是呀，我只想到了让孩子们整理知识，怎么就没有想到他们也许还有整理学习情感的需求呢？

"当然可以！你的建议很好！"逗逗开心地坐下去了，开始低头写自己的学习感受。当天的"1分钟笔记"上，我发现好多孩子都有对自己学习情感的整理。"这单元我学会了角、方向与路线等很多知识，我学得很快乐！""我很喜欢这个单元的内容，我学得很高兴！""这个单元我学得很好，很开心！希望下个单元的内容一样有意思。"……

虽然孩子们表述的语言很稚嫩，很简单，但却让我深深地感受到，学习情感也不容忽视。积极的情感对后续的学习也会有一定的作用。

从上面的案例里，我们可以比较清楚地看到，教研组的任务必须和老师的日常工作结合，只有这样，任务的完成才是现实的。同时，我们也发现，任务的完成还依赖于教师的思考，只有在实践的过程中不断地反思，教学研究的任务才能不断推进，教师的研究才是可持续发展的。

第四节 "打打酱油"也有味

很多人一做研究就想大胆快上，做出重大成果，这显然是不可能的，如果都是这样的话，成果也就满天飞了，各级部门也不用再号召教师们重视研究了。

刚进入教育领域不久或者原来没从事过研究的教师最好的起步其实是看着别人做，自己在研究中打打杂。但我们普遍缺少合作的精神，尤其是如果知道自己参与了这个研究很久，成果可能也没自己什么份，热情更是会"打折"，我们研究的功利性还是强了些。如果我们的研究真是为了学生的发展和自己的发展，那对一项研究成果最重要的评价是看自己的研究能力有没有提高，学生有没有发展得更好一些。"打酱油"其实就是提升自身研究能力的好方法，因为你虽然没有吃到猪肉，但至少看见猪跑了！

思路决定出路。

大约我们这个民族和我们的教育都特别喜欢创新，喜欢有自己的领域，但大部分的研究都不可能单枪匹马完成。在一项庞大的研究中，因为所从事的教育教学工作、学生年龄等的限制，我们每个人可能只能从事其中的一部分工作，我暂且称之为"打酱油"。

但如果只是"打酱油"，而没有思考和观察，那恐怕就变成"酱油专业户"了，这也不是我们的目标。我们的目标是通过参与大型研究项目，在其中学到一些根本性的研究方法，结识一些研究伙伴，了解大型研究的组织和交流方式。

【案例3-4】我的"打酱油"的故事

2009年暑假，我第一次参加班级读书会方面的培训。虽然我在1997年获得过"浙江省优秀导读员"的荣誉称号，但对班级读书会其实了解不多。这次培训号称"全国首届班级读书会骨干研修班"。我参加的主要原因是我们学校参加了全国教育科学"十一五"规划教育部重点课题"儿童文学促进小学语文有效教学的研究和实验"（课题编号DHA60124-001），当时正值暑假，我刚好有空，当时纯粹带着"打酱油"的心态参加的。当时国内"班级读书会"方面的研究者王林、赵镜中、宋旭等都参与了研训营。

尽管是"打酱油"，但我还是有了一些体悟，主要是培训课堂组织的变化。让我记忆犹新的是第一次讲课，当时恰好下雨，偌大的教室中坐满了来自全国各地的教师。赵镜中先生笑眯眯地念一首诗《下雨天》："下雨天/我最喜欢迟到而站在走廊边/观看一枝一枝的雨伞/张着大嘴/流着口水/都是水/下雨天/我最喜欢迟到站在走廊边/自己觉得好悠闲。"外面的雨声应和着先生的朗读声，念着念着，大家就安静下来。以后的每一个早晨，先生都为我们晨读：《花一把》、《孤单单的手》……原来课堂组织还能用诗歌的形式。

随着学习的深入，培训也渐渐涉及阅读策略的实践。王林先生和赵镜中先生谈到了自己心目中的儿童文学课堂：应以学生为中心，是思辨性的阅读而不是引导式的阅读，是方法策略的学习而不是知识的获得，最终目的是让学生获得阅读的乐趣。当时我还学了很多的阅读策略：猜测，统整……

从参与这一次研究开始，我渐渐对班级读书会、儿童阅读有了一些研究，并担任第六、七届全国班级读书会辅导师，第五届全国班级读书会辩论赛主席，《班级读书会在浙江》编委，《60本童书的教学设计》副主编，在中国育才学校联谊会第六届年会儿童阅读论坛执教《地板下的小人》，并在省内多地进行了儿童阅读方面的讲座。

第五节　坚持是最节约时间的办法

记得有过这么一道高考题：一个人去挖井，东挖西挖，结果挖了很多坑，其实，如果他再往下挖一点，就会挖到水了。这个故事告诉我们：很多时候，坚持是最节约时间的办法。

做研究也是一样，因为有时候研究还有可能是"任务驱动"的，如果不承认这一点，就不是实事求是的作风。

如果选择的主题是你不感兴趣的内容的话，怎么办？如果这项工作将陪伴你好些天甚至是几周的时间，想象一下你将对着一个自己不感兴趣的课题花费好多天的思考、阅读和写作的时间，你是纯粹"完成任务"，还是愿意接受挑战？

如果被指派了一个自己并不感兴趣的课题怎么办？一个可以考虑的方案是和导师或者领导商量换一个相同领域自己感兴趣的相似的课题。如果导师或者领导不同意，也不要对原来的课题表示厌恶，因为我们的厌恶很多都是知识层面的，如果到方法层面，可能会有"殊途同归"的效果。而且，如果领导不同意你的请求，他应该会有一个比较好的理由，试着去理解吧。就像孩子总是无法理解我们对他们的期待一样，领导和导师也不可能等到我们都理解了才让你研究的。

许多老师都会发现，当你对一个领域了解得越多，就越会有兴趣，这些领域甚至有可能是你以前并不感兴趣的，所以我们说，兴趣是可以培养的。如果你现在对你的课题不感兴趣，那可以尝试着和其他人进行讨论，可能在和别人的讨论中，你就能找到让你感兴趣的东西！"任务驱动"的课题，虽然有一些"强人所难"的感觉，但同时，我们不得不承认，因为这些研究往往是学校层面或者教研组层面的，组织者通常已经为整个研究做了周密的设计，作为其中的一员，我们能学到很多自己独立做研究的时候可能没考虑到的问题。中国有句古话"塞翁失马，焉知非福"，在我们做研究上，有时候也是适用的。

📋 【案例3-5】无心插柳柳成荫

《家庭教育》杂志社承担了中国教育学会家庭教育专业委员会的"各年龄段未成年人的家长教育的研究"课题（课题编号1007082A），课题从2006年开始，一直到2011年结题，全省有66所中小学和幼儿园参与，我们学校作为其中的一个单位参与了研究。课题开题的时候，我当时刚到天长小学，对家庭教育这块内容也不熟悉，就稀里糊涂地参与到这个项目中。

虽然我对这个研究不是特别有兴趣，但我也清楚，不是你感兴趣才做研究的，很多时候，是你的职责需要你做这些东西。当然，还有一个原因是，参与课题的专家组成员也都是全国家庭教育研究领域的专家。

虽然这是一个任务式的研究，刚开始我也带有点任务观点，但随着研究的深入，我发现这次研究给我带来很大的帮助，其中主要有两件事情：

第一是学习SPSS软件的应用。SPSS是通用的数据处理软件，当时上海的一个专家一步一步告诉我们怎么操作，使我们参加培训的大部分老师都基本学会了使用，我回家以后再做了一些练习，也终于学会了。这个软件的功能非常强大，基本能处理我们所需要的各类关联性数据，使我们增强了在处理数据方面的能力。

第二是学习写调查报告。怎样设计调查问卷？怎么统计？怎样写调查报告？根据培训的要求及我自己的实践，当时我们做的子课题主要是"升学择校"方面的调查，后来，在这项研究的基础上，我的一些文章相继获奖和发表，主要有《小学毕业生"升学择校"的调查报告》发表于《家庭教育》（增刊）；《未雨绸缪，做好小初衔接》发表于《家庭教育》并被中国人民大学《家庭教育导刊》转载；《适合的才是最好的——"面临毕业，进行升学择校指导"调查报告》获得区德育成果一等奖、杭州市二等奖、全国二等奖。

所以，处处有研究，时时是研究，关键是我们要有研究的意识。

附录1：

本章拓展阅读书目

[1] 吴非. 致青年教师[M]. 北京：教育科学出版社，2010.

[2] 李琼. 教师专业发展的知识基础[M]. 北京：北京师范大学出版
社，2009.

[3] 艾沃·古德森. 教师生活与工作的质性研究[M]. 北京：教育科学
出版社，2013.

[4] 徐世贵. 教师自主成长[M]. 北京：外语教学与研究出版社，2008.

[5] 刘良华. 教师专业成长[M]. 上海：华东师范大学出版社，2008.

[6] 唐玉光. 教师专业发展与教师教育[M]. 合肥：安徽教育出版社，
2008.

[7] 胡谊. 成长的阶梯[M]. 上海：华东师范大学出版社，2008.

[8] 吴非. 不跪着教书[M]. 上海：华东师范大学出版社，2004.

[9] 郑金洲. 教育碎思[M]. 上海：华东师范大学出版社，2004.

附录2:

智慧:为孩子未来选择[1]
——"小升初"择校例谈

随着一年一度的小学毕业时间来临,六年级的家长们几乎都有意无意地谈论一个话题:择校。择校凸显出当代家长对优质教育资源的渴求,据北京海淀区的相关调查表明:从不同地区、不同层次5所中学初一年级学生家长中随机抽取407人进行问卷调查,收回有效问卷368份,其中择校生家长的问卷242份,调查中择校比例已达66%。据笔者在一所市实验学校小学六年级的学生及家长中所做的调查,择校愿望的比例为74%。鉴于择校将在一段时间内存在,我们不妨先放置争论,走入择校的"万花筒"内,看看择校的来龙去脉,也许对我们更好地推进教育公平与均衡发展不无裨益——

择校误区简析

教育是一门研究未来的学问。为孩子的未来奠基是每个家长的愿望,由未来溯源,就渐渐地影响到现在的选择。诚然,未来不等于现在,但正是对未来的不确定感,才使我们不得不在现在花费更多的精力和时间,以求得在未来的角逐中胜人一筹,先人一步。具体来看,不同的家庭对择校也呈现不同的误区:

盲目跟风型:一些家长在选择学校的时候,更多地愿意跟随大流,大家说这所学校好,他也就认同了这所学校;人家都去报民办中学,他也积极地让自己的孩子参加。很少考虑为什么要让孩子去这所学校学习。

名校崇拜型:因为一些历史及社会发展的原因,各地都有一些实验学校、示范学校,这些学校一直以教育教学的卓著成绩而为社会所认同,被

---

[1] 本文发表于《家庭教育》2008年第6期,被中国人民大学《家庭教育导读》2008年第8期转载。

称为"名校"。社会对其的印象有"光环效果"，在其中学习的学生也会自然而然地拥有一些优越感。部分的家长以为"一跃龙门百事高"，不顾实际情况，非读名校不可，甚至一些家庭经济条件并不宽裕，但为了使孩子进入"名校"学习而在所不惜。

父母意愿型：略有"脸面"或自尊心过强的父母，为子女择校并非出于对子女未来学习的考虑，而是为了能有面子，或者，父母将自己选择的意愿强加在孩子的身上，而不考虑孩子的自身需要和自身感受。

犹豫不决型：家庭充分考虑了孩子学习状态，学习特点，对愿意选择的学校也进行了较为深入的了解，但在取舍中犹豫不决，觉得这所学校也好，那所学校也好。

……

择校路径例谈

择校是一个十分艰巨的任务，曾有报载，一位家长为了给自己的孩子择校，几乎跑遍了他所在城市中所有可以选择的学校，一所所学校地去了解，观察各所学校的课程、学生面貌、教师水平，其对各所学校的了解程度，甚至高于孩子的小学班主任。据笔者自己的工作实践体会，不同的家庭在择校时也会考虑各类因素。

一见倾心型：

小A，父亲为国家公务员，母亲为小学教师，小A在一所城区普通小学学习，各项表现在年级中居于前列，区三好学生。因小A所在学区的中学不甚理想，父母决定择校，但不能定夺，于是把最后决定权交由小家伙行使。一个双休日，父母抽出时间陪小A去可选择的3所学校走一走，感受感受，没想到颇有戏剧性的一幕出现了：小A去了一所中学后，与中学的校长谈了谈天，十分投机，非这所学校不可。孩子的感受很少受到外界另外因素的干扰，纯真的选择有时可能是最有效的选择。一年以后，孩子在学校的各方面发展都非常好。

个性适应型：

小B，父亲为律师，母亲是幼儿园教师，小B就读于一所省实验学校，在小学学习成绩优秀，学习轻松，尤其是数学更是首屈一指。根据孩子的这一特长，父母考虑选择一所适合孩子学习特点的学校。经过了解，有一所民办学校以理科教学突出而知名，且学习整体负担不重。小B进入该校学习后，每次成绩名列年级前茅。

着眼长远型：

小C，父亲是工程师，母亲是公司经理，小C就读于一所实验学校，学习努力，基本能力和学习习惯良好，成绩较为优秀。父母希望她以后能进入一所知名的省一级重点高中，因此很自然就考虑进入与该高中有渊源的一所民办初中，以获得进入高中的优先权并适应学校文化。3年后，小C如愿进入该高中学习，而且十分适应在高中的学习生活。

置业配置型：

小D，父母亲是企业界管理人士。因为购买了品牌地产商的房子，"近水楼台先得月"，所以就自然考虑可以进入该房产集团所属民办初中学习。小D进入该初中学习，在"地利"上获得明显优势，每天花在上学途中的时间很少，节约了宝贵的学习时间。

名校提升型：

小E，父亲是商人，母亲是工人。在一所普通小学就读，小学阶段学习成绩一般，但他父母认为孩子还有较大的学习潜力，在名校教师的培育下应该还会有较大的提升，于是小E的父母就积极去选择一所名校，结果孩子被顺利录取。进入中学后，虽然学习的压力大了，但孩子认为自己是"名校"的学生了，对自己的要求提高了，学习十分努力，学习成绩有了较大进步。

择校策略举隅

现代社会中，信息和机会的丰富性与日俱增，学会选择成为一种十分重要的能力。"小学升初中"是家庭的选择，也是孩子面临的一次重要选择，对孩子的后续学习将产生一定的影响，所以要从多方面权衡利弊，选择一所适合孩子学习和发展的学校。建议从以下几个方面周全考虑，合理择校。

【策略1：就近】了解初中学校的特点、距离的远近等，在同等情况下，尽量选择就近入学。中学学习压力大，节约宝贵的时间就是为孩子学习和身体成长提供保证。

【策略2：感受】父母可以带子女感受不同学校的氛围，特别是在学校上学和放学时感受学校的情况，提供选择的空间，征询孩子内心的感受。如果学校的氛围是孩子喜欢的，孩子在学校的学习将十分愉快，反之孩子则会产生抵触情绪。

【策略3：了解】通过访问学校的毕业学生、家长、外校教师以及通过网络搜索等途径，比较客观、公正、全面地获得被选择学校的综合信息。

【策略4：尊重】尊重孩子自己的选择。父母要为子女选择合适的学校，其基点应该放在子女毕业时的状况——包括身体、心理、学业基础、适应能力、个性、爱好、兴趣、理想、志向等诸多方面。当子女在这所学校感到既有压力又有信心的时候，相对地说，这所学校就是比较适合的学校。

从教育视角看，择校现象在一定程度上满足了部分家长的愿望，使更多的学生获得了进入优质学校学习的机会，但同时也会带来一些负面影响。就个体而言，也并非所有的择校都是成功的，有些期望值过高的择校，效果却适得其反。我们每个家长应真心实意地从孩子的发展考虑，心平气和地培养孩子学习的良好习惯，帮助他们树立自信心，这样，孩子总会有成功的收获。

当人们仰望天空

是否发觉了

那一颗颗星星后面

有趣的面容

——《诗性的古希腊》

第四章　研究是做出来的：那些实用的方法和路径

任何的学习，其核心都是自学。

研究其实也是一种学习，或者说是新课程实践中很时髦的"探究性学习"。

但研究更重要的是做出来的，是在正确的方法论的指导下做出来的。这个命题告诉我们，研究与不研究是不一样的，研究过程中的收获是研究的真正意义所在。

在前面几章中，我们的着重点落在实践和自身的投入，没有把研究的方法放在重要的位置，这是和研究的阶段有关系的，我觉得一般一线教师的研究大约会有四个阶段：

第一阶段：不识庐山真面目。每个教师都觉得研究很让人头疼，找不着门。在这个阶段，我觉得首先是要把研究想得简单点，从简单的地方做起，先做起来再说。所以这个阶段的重点是做和写，写得好不好并不重要。

第二阶段：望尽天涯路。做了一些研究、写了一些文章后，研究者会感觉不管是什么内容，基本也手到擒来，写篇文章得到好评已经不是什么奢望，基本上只要想写，都能把自己的实践转化为文字。这个阶段的重点是行，要有意识地运用不同的研究方法进行研究，提升自己的研究实力。

第三阶段：衣带渐宽终不悔。因为从研究中得到了乐趣或者激励，因此信心大增，对研究的投入程度也提高了。一般这时研究者都已经成为学校的研究骨干，从事比较大的课题的研究，研究的内驱力问题已经不存在。这阶段的重点是思，要从学理上思考自己研究的价值问题。

第四阶段：那人却在灯火阑珊处。在熟练掌握研究方法、长时间从事研究后，研究者对一些研究有豁然开朗的感觉。这个阶段的重点是创新问题，要提出自己的独立观点，推动学术研究的发展。

这样看来，一般我们一线教师基本处在第一、第二阶段之间，能有意识地掌握一些研究方法，能使自己比较迅速地走到第三阶段。如果到了这个阶段，那么我们可以当之无愧地说，研究和工作已经融合，而且我们研究的水平和能力都比较高了。

第一节　素材的积累："材"到用时方恨少

很少有人是下笔万言的，所谓"妙笔生花"，其实只是发生在李白的梦中。

如果要做一些研究，写一些研究文章，那就要养成一个习惯：积累素材。

素材要随时随地积累，因为一线教师几乎没有完整的时间用来做研究，也没必要腾出单独的时间来做研究。那为什么有些教师的学术成果更加丰硕呢？根据我的观察，凡是成果更丰硕一些的教师，都有积累素材的习惯，而成果少一些的教师，除了那些对研究没兴趣的教师之外，真正想写的教师总是"书到用时方恨少"。等到要交文章时再搜肠刮肚地寻找材料，收集成果总是不全面，所以每每觉得不成熟；而且很多材料不随时随地记录下来，后来就基本遗忘了。

怎么积累素材也有一些讲究，我觉得主要是两方面的积累：一方面，比较成熟的教师一般会选择自己比较关注的领域，譬如小学语文教学中，就有识字教学、阅读教学、习作教学的区分，一位教师如果选择其中的一个领域进行研究，那凡是这个领域所涉及的内容，这位教师都会有意识地积累，这有点像作家在写大部头的作品前所做的准备工作；另一方面，我觉得对于任何一个教师来说，更为重要。就是把自己有感触的东西记录下来。先放在一个文件夹内，如果当时手头没有电脑，也一定要在纸上记录下来；现在的笔记本电脑或者平板电脑储存空间已经足够使用，如果能够及时分类，把自己写的某一方面的文章放在一起，就会减少很多的检索时间。

素材需要及时整理。在一个学期或者比较长的一段时间后，把记录的东西做一个整理，也许就会发现自己在那一个领域的积累已经比较成熟，再阅读一些相关的书籍，对照一下自己的研究和思考，要完成一个研究就容易多了。

阅读也能提供很好的素材，如果能够充分利用也是非常好的。当然这里指的阅读是广义的阅读，而且这种阅读成果不一定要记录下来，也可以是剪下来的，然后把同类的资料整理在一个文件夹中。整理素材的过程，其实也是一种研究的过程，整理得多了，研究的内容自然也就多了。这些文章中的材料既可以拿来论证自己的观点，又可以直接从里面提取观点。

积累素材的时候，一定要养成一个好习惯，每个文档一定要以最明确的内容命名，因为刚开始的时候没关系，一旦资料积累多了，这个习惯会为我们带来很多的好处。譬如我们建立一个"趣味学习"的资料文件夹，一定要命名为"趣味学习资料"，千万别写成"资料"。同时，根据我自己的习惯，一般会在标题前加上时间，如20140716，表示这个资料的积累时间是2014年7月16日，这样，便于我们在后期的整理中处理相关的材料。

📋 【案例4-1】童话习作专题素材积累

名称	修改日期	类型	大小
📁 2014年9月24日 童话作文教学新设计 (施...	2014/9/27 23:00	文件夹	
📄 2014年9月17日 童话习作分级教学设计...	2014/8/29 20:04	Microsoft Word ...	77 KB
📄 2014年11月19日 热闹的蘑菇伞店	2014/11/19 21:16	Microsoft Word ...	30 KB
📄 2014年11月19日史剑波《微童话·启示》...	2014/11/18 21:03	Microsoft Word ...	21 KB
📄 2014年11月19日尉芳芳-叮当猫的故事...	2014/11/19 21:16	Microsoft Word ...	46 KB
📄 20140714杭报 经典课堂 习作	2014/7/13 14:25	Microsoft Word ...	879 KB
📄 20140714杭报 经典课堂	2014/8/1 21:16	Microsoft Word ...	37 KB
📄 20140714杭州日报 习作课	2014/7/5 22:40	Microsoft Word ...	24 KB
📄 20140714微童话 习作	2014/7/11 23:41	Microsoft Word ...	880 KB
📄 20140714文学的想象	2014/7/14 11:52	Microsoft Power...	222 KB
📄 20140730杭报报道	2014/8/26 22:17	Microsoft Word ...	194 KB
📄 20140917童话习作1	2014/9/17 15:44	Microsoft Word 97 - 2003 文档	
📄 20141015钟玲 一年级童话	2014/10/15 16:12	Microsoft Word ...	32 KB
📄 20141021二年级童话 丁琳	2014/11/12 11:39	Microsoft Word ...	36 KB
📄 20141029段红 三年级童话	2014/10/29 15:29	Microsoft Word ...	31 KB
📄 20141112施特讲座	2014/11/12 15:19	Microsoft Word ...	23 KB
📄 20141218童话：汤汤讲座	2014/12/17 15:33	Microsoft Word ...	21 KB
📄 312039548815	2014/11/22 22:08	Adobe Acrobat ...	536 KB
📄 467536329906	2014/11/4 19:57	Adobe Acrobat ...	323 KB
📄 479335427340	2014/11/4 19:58	Adobe Acrobat ...	418 KB
📄 484813268928	2014/11/4 19:57	Adobe Acrobat ...	263 KB
◢ 拼音 A - F (2)			
📄 爱的礼物_论童话的母题及其功能	2014/10/29 10:36	KDH 文件	54 KB
📄 从托尔金的童话文学观看_西游记_的童话性	2014/10/29 10:37	KDH 文件	70 KB

图4-1 童话习作专题素材包

从素材包里，可以很清楚地看到，为了对童话教学加强研究，我收集了一些经典童话的研究论文，整理了自己在《杭州日报》"经典课堂"上的习作课，积累了学校各个年级所上的童话课资料。那么，下次要做童话习作方面的研究时，只要打开这个文件夹，就可以找到很多理论和实践的资料。

第二节　学习质的研究

从一个维度分析，研究可以分成量的研究和质的研究，传统的研究方法是以自然科学为基础的量的方法，量的方法强调其信度和效度，借由公平的抽样来证明假设的成立与否，进而推论出一个对于整个母体皆适用的理论，这样的方法由自然科学发展出来，并在各学科中广为应用。但是人文学科如人类学和社会学，研究者在使用量的研究方法时发现由于人文学科的先天限制，量的方法在某些情境下无法使用，或是无法满足量的方法中样本抽样、信度和效度等要求。在这样的背景下，质的研究方法便慢慢成形且渐渐广为人知。质的研究是一个统称，本节所指的质的研究是狭义的，就是以叙述故事为核心的研究。因为这种研究是叙述性的，可能会给人以简单的感觉，但其实不然，因为质的研究是整体的研究，而且具有不可重复性，稍有不慎，就会失去意义。从很多方面来看，量的统计只要问卷和测试都比较规范，后期的数据处理可以多次重复，反而要简单一些。

我觉得质的研究的长处在于：在微观层面对社会现象进行比较深入细致的描述和分析，对小样本进行个案调查，研究比较深入，便于了解事物的复杂性；注意从当事人的角度找到某一社会现象的问题所在，用开放的方式收集数据，了解当事人看问题的方式和观点；对研究者不熟悉的现象进行探索性研究；注意事件发生的自然情境，在自然情境下研究生活事件；注重了解事情发展的动态过程；透过归纳的方式自下而上建立理论，可以对理论有所创新；分析数据时注意保存数据的文本性质，叙事方式接近一般人的生活。

质的研究较常使用的是参与观察和访谈的研究方法。

在参与观察中，观察者与被观察者一起生活、工作，在密切的相互接触和直接体验中倾听和观看被观察者的言行。这种观察的情境比较自然，观察者不仅能对当地的社会文化现象得到比较具体的认识，而且可以深入到被观察者文化内部，了解他们对自己行为意义的解释。而非参与观察不要求研究者直接进入被观察者的日常活动中，观察者通常置身于被观察的世界之外，作为旁观者了解事情的发展动态。在教育层面，参与观察适合以下的情境：

1. 有教育现象(如学生的伙伴交流)很少被人所知时；
2. 需要了解有关事情的连续性、关联性以及背景脉络时；
3. 看到的事实与当事人描述有明显差异时；

4. 需要对教育现象进行深入个案调查，而时间又允许做参与观察时；

5. 面对不能够或不需要进行语言交流的研究对象时。

访谈一般分为三种：封闭型、半开放型、开放型。

在封闭型访谈中，研究者对访谈的走向和步骤起主导作用，按照自己设计好的、具有固定结构的统一问卷进行访谈。研究者对所有受访者都按照同样的程序问同样的问题。

与封闭型相反的就是开放型访谈。开放型访谈没有固定的访谈问题，研究者鼓励受访者用自己的语言表达自己的看法。其目的是了解受访者自己认为重要的问题、他们看待问题的角度、他们对意义的解释以及他们使用的概念及其表述方式。

在半开放型访谈中，研究者对访谈的结构有一定的控制作用，但同时也让受访者积极参与。通常研究者事先会准备一个访谈大纲，然后根据自己的研究设计对受访者提出问题。访谈大纲主要是做一种提示，研究者在提问的同时鼓励受访者提出自己的问题，且根据访谈的具体情况对访谈程序和内容做灵活的调整。

一般来说，量的研究采用封闭型访谈来搜集统一的数据进行统计分析，而质的研究初期往往先采用开放型访谈，了解受访者关心的问题和思考问题的方式，然后随着研究的深入，逐步转向半开放型访谈，就之前开放型访谈所得知的重要问题及有疑问的部分进行追问。

📋 【案例4-2】学生生活形态和生活方式的印记来自哪里？

　　　　　　　　　　　　　　　　——一位六年级学生成长的访谈

（文本见本章附录）

第三节　调查问卷也有方法：SPSS统计

科学的调查是很难做的，从实践的角度看，其难点主要是调查问卷的设计。当然，如果要全面一点，还包括很多方面，尤其值得注意的是确保问卷的正确性，而学生的理解也必须正确，在他们做调查问卷的时候，现场的教师不要做暗示性引导。

调查问卷的设计是很重要的，调查问卷的设计，其实在很大程度上决定了调查最后成功与否。在调查问卷的设计中，一般要关注以下四类变量——

前置变量：一般是调查者的基本资料，如调查者的性别、年龄、家庭结构等；通过对前置变量进行分类统计，调查者可以认识不同类别对象在前置变量上的差别；为分类指导提供依据。

核心变量：课题研究的核心；这和调查的目的有关，一般可以是调查重点关注的问题。

原因变量：可能影响核心变量的因素；通过对原因变量与核心变量关系的分析，可以寻找可能影响核心变量的原因；为制订指导措施提供依据。

效果变量：核心变量可能带来的后果；通过对核心变量与效果变量关系的分析，可以发现由于核心变量的不同而可能造成的后果；为揭示核心变量的重要性提供依据。

前面讲的是比较规范的调查问卷的出卷考虑，在日常的调查问卷中，尤其是一些比较简单的调查，可能只是为了获取某一方面的信息，针对此调查问卷还有一种简单的出卷方式。当亟须调查一些内容，而又不要求太强的科学性时，那么，可以简单地用"最"起头的调查问句做一次调查，譬如你想了解学生对教师的评价，你可以简单地问："你最喜欢的老师是哪个学科的？"经过数据分析，你会很快地得到需要的信息。

一般的调查，为了检测调查的科学性，或者说避免被调查者因为知道调查内容而做出某种保留，会在问卷中放入几个"胜负手"，譬如在调查中，我们可以设置一题："你最喜欢的学科是什么？"因为已经有很多的调查证明，小学生最喜欢的老师和最喜欢的学科不太可能出现比较大的差别，所以如果出现了比较大的差别，就说明这次调查可能存在人为因素，调查的数据就不可靠了。

【案例4-3】调查问卷

我曾参加国家"不同年龄段未成年人家长教育"课题组做的一个调查，下面以这个调查为例说明四类变量的情况，以便我们更加清楚地知道各类变量及作用：

问卷中1-9题是前置变量，主要是一些对象的基本要素，这些要素和核心变量组合，就可以衍生出分析结果，譬如我们可以看一看不同学历的家长或者年收入不同的家长对孩子升学有否不同的期望。

12、17-20题是核心变量，重在了解家长对孩子升学的一些基本取向，包括是否选择民办学校以及考虑选择中学时的主要原因等，以便根据调查提出相应的对策。

13-15题是原因变量，主要了解学生自己的学习习惯及与父母在家庭中的一般沟通能力，因为这些基本要素会对核心变量有一定的影响，譬如，我们很难想象，孩子在家庭中的意见受到尊重，而选择中学又完全由父母决定的情况会出现在同一个孩子身上。

尊敬的家长：

您好！

首先感谢您抽出宝贵的时间来回答这份问卷。您将参与的是一项关于家庭教育的科学研究。本次调查采取抽样调查的方式，故每个被调查家长的观点都是重要的，对于您将提供的所有信息我们将严格保密！

我们的问题都是单项选择题，答案没有对错之分，您只要把最适合您的选项的序号写在括号中即可，如所提供的答案中没有您所认可的，请您选最为接近的答案。

调查结果供研究专用，您不需要填写名字和所在单位。最后，再次感谢您对本次调查工作的支持和帮助！

[　] 1. 你孩子的性别是：(1)男孩；(2)女孩

[　] 2. 孩子是否为独生子女：(1)是；(2)否

续表

[ ]	3. 父亲的学历：(1)小学毕业及以下；(2)初中；(3)高中、中专和技校；(4)大学专科；(5)大学本科；(6)硕士及以上	

[ ]　3. 父亲的学历：(1)小学毕业及以下；(2)初中；(3)高中、中专和技校；(4)大学专科；(5)大学本科；(6)硕士及以上

[ ]　4. 母亲的学历：(1)小学毕业及以下；(2)初中；(3)高中、中专和技校；(4)大学专科；(5)大学本科；(6)硕士及以上

[ ]　5. 父母的户口情况：（1）本市非农业常住户口；（2)本市农业常住户口；(3) 外地非农业户口；(4) 外地农业户口

[ ]　6. 父亲的身份：（1）公务员；（2）事业单位；（3）工人；（4）企业主；（5）其他

[ ]　7. 母亲的身份：（1）公务员；（2）事业单位；（3）工人；（4）企业主；（5）其他

[ ]　8. 孩子的家庭属于：(1)只与父亲或母亲生活在一起的单亲家庭；(2)与父母生活在一起的核心家庭；(3)与父母和祖辈生活在一起的主干家庭；(4)只跟祖辈生活在一起的隔代家庭；(5)其他家庭

[ ]　9. 家庭年收入情况：(1) 2万～5万；(2) 5万～10万；(3)10万～20万；(4)20万以上

[ ]　10. 你在工作之余主要：(1)忙于进修或事业；(2)忙于处理家务；(3)忙于娱乐活动；(4)忙于与孩子游戏玩耍；(5)忙于辅导孩子功课；(6)其他活动

[ ]　11. 你对孩子受教育程度的期望是：（1）尚未考虑；（2）技（职）校；（3）中专；（4）高中；（5）大学；（6）大学以上

[ ]　12. 你希望孩子能进入的初中是：（1）民办初中；（2）办学质量好的初级中学；（3）有特色项目的中学；（4）适合孩子特点的中学

[ ]　13. 你的孩子每天有预习和温习的习惯吗？（1）有；（2）偶尔有；（3）没有；（4）不知道

[ ]　14. 你的孩子每天写家庭作业的情况：（1）自主学习能力强，父母不用管；（2）自主学习能力较强，有些难题要靠父母指导；（3）自觉性差，孩子依赖家长，要督促才能完成作业

[ ]　15. 孩子平时愿意主动和父母交谈心里话吗？（1）愿意；（2）偶尔；（3）问起，才说一点；（4）不愿意

续表

[ ]	16. 你了解初中学习和小学学习的异同吗？（1）了解；（2）有一点了解；（3）不了解
[ ]	17. 孩子进入的初中：（1）父母决定；（2）与孩子商量；（3）主要听孩子的意见
[ ]	18. 初中情况你是从什么途径了解的：（1）主动到中学观察，了解；（2）听同事或朋友的小孩上了初中之后的经验介绍；（3）听小学老师的介绍；（4）其他
[ ]	19. 你觉得孩子会适应初中的生活吗？（1）会；（2）不会
[ ]	20. 你选择初中考虑的最主要因素是：（1）离家近；（2）将来能升入重点高中；（3）适合孩子的发展；（4）是否名牌初中

关于调查问卷，恐怕在设计的时候还是有几点需要特别引起重视的。

调查问卷要保证被调查者说的是真话。因为被调查者是否对调查做认真的填写，决定了调查的信度，为了让被调查者反馈的情况是真实的，在设计问卷的时候应不要求署名，同时用选择题的形式，而每一题的问题要清晰和简洁，便于被调查者回答。

调查问卷的量不宜太大。调查问卷如果非常冗长和复杂（除非是特定的调查），一般调查者看到问卷就做好了"心理防御"，准备随便做一下算了。一般的调查问卷的问题量，不应超过一张A3纸。

调查问卷的主题不宜太清晰。调查问卷的主题如果涉及价值观等问题，被调查者提供的数据可能并非准确。所以有的调查问卷甚至故意出现歧义题，以探询判断被调查者是否真实地进行了回答。

在调查问卷的处理上，建议使用SPSS软件。

SPSS软件是一个功能比较强大的统计软件，基本上囊括了所有统计学分析工具。2008年时我用的版本是SPSS13.0，现在有新的版本，应该是SPSS22.0。软件的使用并不难，下面是简单的使用介绍：

首先需要安装SPSS软件。然后把自己所做调查的所有数据输入Excel，分班级输入；汇总。这个过程实在有点费时间，但好在是笨功夫，只要有足够的时间，任何人都能够胜任。而且，想到很快就能形成你需要的所有统计表格，这点时间实在是值得的。软件还能弥补一些你不够仔细的地方，软件可以查找明显的错误，如原来只有A、B、C、D这4个选项，但出现了E选项，系统就可以提醒你及时修改。

然后是转为SPSS。关闭Excel文件；打开SPSS；在SPSS上打开Excel数据文件；保存为SPSS数据文件。

这样，基本就可以在SPSS上对SPSS数据文件进行处理了。如果你学过教育统计学，就自己找需要的统计分析吧！如果缺乏一些统计学的知识，只要你在网上找，也很快就会找到你需要的教程，所以这里不再赘述。

我使用SPSS软件的体会是：技术对研究是非常重要的，看到那些杂志、书籍上的复杂统计分析千万别傻了眼，有了统计工具，你一样行！当然，也不要故意用那些眼花缭乱的数据去写看上去很玄乎的文章！

【案例4-4】"面临毕业，进行升学择校指导"调查报告（部分）

（五）家庭基本情况与家长对孩子入学期望的关联情况分析

表4-1　孩子性别和家长对孩子入学的期望

性别	尚未考虑		技（职）校		中专		高中		大学		大学以上		P
男	4	4%	2	2%	0	0%	0	0%	25	25%	69	69%	0.116
女	0	0%	0	0%	1	1.1%	1	1.1%	30	33%	59	64.8%	

表4-2　家庭收入和家长对孩子入学的期望

收入 万/年	尚未考虑		技（职）校		中专		高中		大学		大学以上		P
2~5	0	0%	1	2.4%	0	0%	0	0%	20	47.6%	21	50%	
5~10	1	1.8%	1	1.8%	0	0%	0	0%	20	35.7%	34	60.7%	0.040
10~20	2	4.3%	0	0%	0	0%	0	0%	9	19.1%	36	76.6%	
20以上	1	2.2%	0	0%	1	2.2%	1	2.2%	6	13.0%	37	80.4%	

表4-3 父亲学历和他对孩子入学的期望

学历	尚未考虑		技（职）校		中专		高中		大学		大学以上		P
小学	0	0%	0	0%	0	0%	0	0%	2	100%	0	0%	
初中	0	0%	1	3.8%	0	0%	0	0%	13	50.0%	12	46.2%	
高中	1	2.2%	1	2.2%	0	0%	0	0%	19	41.3%	25	54.3%	
大专	0	0%	0	0%	0	0%	1	2.9%	7	20.0%	27	77.1%	0.045
本科	1	1.7%	0	0%	1	1.7%	0	0%	11	18.3%	47	78.3%	
硕士及以上	2	9.1%	0	0%	0	0%	0	0%	3	13.6%	17	77.3%	

表4-4 母亲学历和她对孩子入学的期望

学历	尚未考虑		技（职）校		中专		高中		大学		大学以上		P
小学	0	0%	0	0%	0	0%	0	0%	2	66.7%	1	33.3%	
初中	1	2.6%	1	2.6%	0	0%	0	0%	20	52.6%	16	42.1%	
高中	0	0%	1	2.4%	0	0%	0	0%	13	31.7%	27	65.9%	
大专	1	2.4%	0	0%	0	0%	0	0%	10	23.8%	31	73.8%	0.177
本科	1	1.8%	0	0%	1	1.8%	1	1.8%	9	15.8%	45	78.9%	
硕士及以上	1	10.0%	0	0%	0	0%	0	0%	1	10.0%	8	80.0%	

表4-2、表4-3数据显示，$P \leqslant 0.05$，数据的差别具有显著性意义，经双变量统计分析，家庭收入、父亲的学历与家长对孩子的入学期望之间具有显著性意义（统计学意义）。

表4-1，表4-4数据显示，$P > 0.05$，数据的差别不具有显著性意义，经双变量统计分析，孩子性别、母亲的学历与家长对孩子的入学期望之间不具有显著性意义（统计学意义）。

综合以上分析，我们可以看到父亲学历和他对孩子的入学期望具有显著性意义，而母亲的学历和她对孩子的入学期望不具有显著性意义，说明在家庭中，真正影响孩子入学期望的是父亲，这与中国传统的家庭关系有关。这从另一个侧面也反映了父亲因为相对的社会接触面、思考问题的能力等而在家庭决策中具有优势。

第四节　看看前人的脚印：检索

这一节也可以称为是情报研究，也就是说，看看前人做了一些什么，本身也是研究的一部分。很多博士在写学术论文时，导师都会要求他们把自己要研究的领域搞清楚，把学术的源头搞清楚。我们一线教师没有这么高的要求，但如果有兴趣，把源头搞清楚，对研究的作用是很大的。当然，现在要寻根溯源有了更为简便的办法，那就是检索。现在比较常用的检索方法有两类：一类是电子检索，常用的是知网、百度、谷歌；另一类是书面检索，这个办法虽然费神费力，但很多时候，笨的办法往往是有效的，我多次有这样的体验。俗话说得好，"板凳要坐十年冷"，做研究有些时候需要一些坐"冷板凳"的工夫。

当然，知道了检索的重要性，还有一个怎么检索的关键问题，也就是检索内容的问题。检索内容，对于一线的教师来说，最关键的主要是以下三种：

一、关键词的检索。一般的关键词可以先通过搜索引擎进行检索，比如百度；当然，如果时间允许的话，可以再加上搜狗，这两者基本相同，百度的信息量更大。有时候同时用不同的搜索引擎可能会有意外的收获，因为不同搜索引擎会有一些视野和取向上的不同。当然，仅仅只是普通搜索的话，检索到的资料专业性会比较差，所以只可以作为"入门级"材料阅读。

如果要进一步了解专业的文献，还是推荐使用知网。现在很多城市或学校都统一购买了知网的使用权限，譬如在杭州市，通过杭州科技信息门户，就可以进入知网，键入关键词就可以找到相关的专业文献。

📋 【案例4-5】怎么在知网检索？——以在杭州市为例

需要检索的时候，先进入杭州科技信息门户（http://www.hznet.com.cn/），在左上方会有以下菜单：

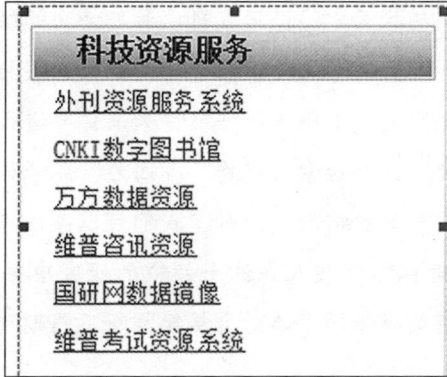

图4-2　杭州科技信息门户菜单

我们常用的知网检索需要先点击"CNKI数字图书馆"，然后左上方就会出现以下菜单：

图4-3　知网数字图书馆菜单

通过功能入口"CNKI中国知网"就能进入相关页面，通过"万方数据资源"也能得到很多的启发。从我的使用经验来看，要检索教育文献的话，万方的数据库还要更强大一些。

在检索的时候，关键词很重要，因为通过不同的关键词检索得到的信息差距会很大。在知网的检索中，根据我自己长期使用的经验，我觉得要对相近关键词进行检索，因为有些词的出现有时间性，如实施"新课程"后，把"小学作文"的说法改为了"小学习作"，如果你要进行比较完整的检索，还是要先检索"作文"，再检索"习作"，因为"新课程"实施前的大量文献，都是以"作文"为关键词的。同时，我们可以关注一下相关文章的引用率，因为这等于告诉你，哪些人在这个领域的研究中是比较受关注的。当然，如果你对期刊有足够多的了解，自然能判断不同期刊上发表的文章的质量是不一样的。

根据我自己的经验，即使只想检索"小学习作"，但如果你有足够的时间，直接检索"习作"和"作文"也会有收获，这主要是因为文章的标题有时候不一定能确切地与内容相关联，只有你看了完整的文章，才会做出更好的判断。

二、综述类文章检索。首先要做的是寻找权威杂志上相关研究领域权威人士撰写的综述类文章。这类文章信息量大，论述精辟，读后不但有助于掌握相关研究的重点和焦点内容，而且能帮助我们掌握研究领域的大方向和框架，比如我们可以了解到哪些人、哪所大学或研究所在哪个方向比较强等。其次是泛读摘要，然后挑选最相关的内容进行精读。在精读文章的同时做笔记和标记是非常关键的，因为好文章可能每读一遍就有不同的收获，每次的笔记加上心得最后总结起来会对自己大有帮助。再次是针对不同的需要对论文进行泛读和跳读。检索综述类文章很重要的一点是，如果你需要综述类文章中提及的某一篇文章的话，就可以通过电子检索查找原文阅读。同时，需要高度关注的还有它的参考文献，对参考文献中的文章再做一些阅读，对于想了解的问题也就知道个大概了。在读文章的过程中，当然要做些笔记。只要建一个Word文档，做些复制粘贴的工作便可，这样做的好处是，回头就不必再花很多时间去找你的论据或论点。在此，我强烈建议用文件夹对相关的文章进行管理。

【案例4-6】 2010《语文教学通讯》（小学版）年度综述

周一贯先生每年在《语文教学通讯》上写一个年度综述，总结一年来多种杂志各类研究的综述，下面以2010年"对《通讯》领航小语教改的年度报告"中标题为例，说明我们可以从这些综述中寻找到有关大致的研究方向甚至是内容的提示。

周先生的标题如下：

一、"笔近清风追俗耳"：锐意推进对语文课程性质的认识

二、"秋水文章不染尘"：课堂皈依"以生为本"的主旋律

三、"不听陈言只听天"：深度关注语文教学生态的修复

四、"春在溪头野荠花"：诗意语文皈依生本课堂的升华

五、"开窗放入大江来"：集思广益聚焦前沿的教研信息

六、"春城无处不飞花"：科学训练在时代风潮中重新定位

七、"心夺造化回阳春"：教师成长——从专业到心灵的呵护体贴

下面直接引用第五部分内容，以便我们更好地理解应该看哪些综述类的文章。我看过的专业书籍都告诉我，综述类文章大约可以分成三种：第一种是直接罗列，就是把自己所掌握的资料归类后直接罗列；第二种是罗列的同时又有自己的阐述；第三种是融合，或者说是用文献自己创新观点的阐述。一般认为后两种综述是更为出色的综述，其实对于一线教师来说，第一种可能更好一些。当然，随着研究的深入，我们可以多看一些第三类文章。

给电视换个频道，节目也许更精彩；给思想换个频道，教学也能更精彩。而思想频道的转换择优，就要靠研究。于是，让教学反思成为生命自觉，让教学研究从名词转为动词，就成了语文教学改革的根本大计。有鉴于此，《通讯》一贯十分重视对教学研究的交流和推进。仅就开设的栏目看，与教学研究直接相关的，就有"教研"、"课堂"、"备课""教研视点"、"新锐看

法"、"磨课笔记"、"教研茶座"、"专题聚焦"等等。这些栏目既是教师交流经验、推进教研的平台，又是基层前沿教研信息的"集成块"。如刊发于第五期的《经典文化课程校本化、特色化的实践研究》（沈君）是对课程改革，特别是校本课程特色化研究的宝贵经验，具有很强的可借鉴性。文章以"中华经典诗文诵读"的校本课程为例，从"诵"、"书"、"画"、"演"四大板块，介绍了课程形态的构建和操作策略的选择。曹建召先生的《论语文知识及其生产方式》（第十期）一文，从对语文学科本体的追问，引出建构"语文学"之必要，到语文学的"知识生产"、"谁来生产"、"生产过程"、"产品传递"和"知识传播"等的思考和论述。这些是十分重要的宏观教学研究，帮助我们拓展了理论视野。第三期吴永军先生的《再谈语文教学的"语文味"》，强调了"言语训练"在语文教学中的重要地位，但不是语文味的唯一表现，它还应当包括与语言实践同步存在的思维训练与精神陶冶，撇清了"语文味"研究中的种种"串味"现象。这同样是语文教学研究中一个十分重要的问题。在中观、微观层面上的教学研究，则更是佳作迭现。如在阅读教学方面，鲍国潮的《文体：阅读教学的契约》（第四期），谢卓丹的《阅读教学主问题的有效设计与达成路径》（第五期）和程燕、熊生贵写的《怎样才能将阅读课堂教学做实》等，表现了很有研究价值的独特见解。作文教学方面，蒯福棣同志《历久弥新的教诲》（第九期），重温叶圣陶关于作文教学的一幅题词，论说了"作文教学的基本任务"、"作文练习的基本途径"和"作文教学研究的基本思路"，可谓因小见大，鞭辟入里。这正如刘禹锡所言，"片言可以明百意，坐驰可以役万象"。商德远《"一点四线"作文教学的研究与实践》（第六期）和张祖庆的《全程体验：体验式作文的实践体会》（第二期）等，更是来自教学第一线的鲜活经验。方蓉飞《低年级写话教学的研究与实践》（第一期）又是一个十分重要但很少关注的话题。至于备课、听课、评课一直以来是《通讯》的热门，在这方面自然不乏佳作懿言，唯此，才博得广大基层教师对刊物的钟爱。[1]

---

[1] 周一贯. 对《通讯》领航小语教改的年度报告[J]. 语文教学通讯·小学刊，2011（11C）.

　　三、研究相关书籍和期刊检索，尤其是对该领域有较多介绍的书（如果是新书，通常汇集了最近5到10年的主要研究内容和结果）。因为相同内容的书比较多，可以优先选择关注如商务印书馆和三联书店出版的书，以及各著名大学出版社的书，因为按照一贯的传统，这些出版社的书质量会好一些。读过这些书后，我们可以对这个领域发展历史和近期状况有个全面的了解，对一些专门的术语也有了基本的概念。

　　也可以根据研究内容检索最近几年的核心中文期刊。一般的图书馆都会把相关杂志按照年度装订成册，只要借阅几册就可以了。通过标题检索相关内容文章，据此你可以知道国内哪些同行在做相似的工作，这可以使你避免走不必要的弯路。如果说检索相关的专著是为了了解学术研究的深度的话，那么，期刊的检索主要是为了了解学术研究的活跃程度和各地的实践，这两者都对我们的研究有启发性。

第五节　跳出来看一看：词频和关键词密度研究

　　有些研究方法是很有趣的，可能给人耳目一新的感觉，同时也比较实用，譬如在众多关于明朝历史的书籍中，有一本书有着独特的地位：黄仁宇写的《万历十五年》。因为历史书籍的写法，很多都是纵向的，在纵向的变化中发现规律，而《万历十五年》是从万历十五年大明王朝发生的事件切入，作者认为，当年，在明朝发生了若干件为历史学家所忽视的事件，接着，他又再横向展开分析，说明这一年看似平淡无奇，但实际上是十分有价值的一年。这些事件，表面看来虽似末端小节（该书英文原名《1587，无关紧要的一年》），但实质上却是以前发生大事的症结，也是将在以后掀起波澜的机缘。

　　这种"跳出来看一看"的思维方式，有时候会给我们带来很多乐趣：尤其是发现教育的别样风景的乐趣。

　　我觉得利用词频和关键词密度进行研究所运用的正是这样一种方法。

　　词频，也就是关键词出现的次数。词频是一种用于情报检索与文本挖掘的常用加权技术，用以评估一个词对于一个文件或者语料库中的一个领域文件集的重要程度。

关键词密度也就是关键词出现次数除以页面可见文字总词数，或者说关键词密度是规范化后的词频。因为词频概念没有考虑内容长度，如果一篇文章的页面内容是500个词，显然关键词词频很容易比页面内容为100个词的文章高，但并不必然比页面内容为100个词的文章更相关。用关键词出现次数除以总词数，得到关键词密度，是更合理的相关性判断标准。

例如首届基础教育国家级教学成果奖评比，《人民教育》（2014第19期）对417项获奖成果的名称中部分关键词的出现做了统计，以此发现国家级成果评奖在价值导向方面的权衡与考量（见表4-5）。

表4-5　首届基础教育国家级教学成果奖获奖成果中部分关键词统计

	成果关键词	候选项目	获奖项目	获奖比例
1	有效、高效、效率	100	12	12%
2	自主、主动、自学	60	18	30%
3	创新、创造、创意	53	18	34%
4	探究，研究性学习	32	8	25%
5	生命，安全	21	5	23.8%
6	合作	19	4	21%
7	育人	16	8	50%
8	传统文化、经典传承	14	3	21.4%
9	个性	12	5	41.7%
10	民族团结、民族文化	12	4	33.3%
11	习惯养成（培养）	10	1	10%
12	愉快、快乐	9	2	22.2%
13	关爱，爱	8	4	50%
14	学习能力，学习力	8	1	12.5%

续表

	成果关键词	候选项目	获奖项目	获奖比例
15	综合素质	7	3	42.9%
16	阳光	6	3	50%
17	国际理解	5	2	40%
18	公民意识、公民道德	3	3	100%

【案例4-7】如何做词频和关键词密度研究？

（以下内容摘自《我国社会转型对教育研究主题变迁影响之分析——以〈教育研究〉杂志为例 》一文。）

美国社会学家默顿提出的"社会、文化和科学相互作用的模式"等一系列问题，即"默顿问题"，为我们反思教育科学的发展提供了一种独特的方法论。借鉴"默顿问题"的问答方式，本文的研究问题是：我国社会转型如何影响教育研究主题的变迁？本文运用"假设检验法"予以求证，即："提出假设—收集资料—验证假设—深入分析结果。"研究假设有三：一是体制改革与经济发展可能导致教育"外围层面问题"在教育研究中突显；二是社会转型可能引发教育研究者教育观念的更新；三是转型期高等教育的加速发展可能促使"高等教育"研究主题受到突出关注。本文的研究样本是《教育研究》杂志(1979-2001)，选取两种分类框架——"学科—问题"和"教育类别"框架对研究主题进行分类。 通过对各类教育研究主题的统计及分析，本文发现23年间教育研究主题变迁的基本特征表现为三方面：第一，80年代，"教育核心层面问题"最受关注；到了90年代，研究者的视野向"外"转移，"教育外围层面问题"吸引了研究者更多的注意。第二，随市场经济的深入发展，研究者对教育的认识发生了相应变化，具体又可分为两方面，其一是对"教育性质"的认识变化，自"教育是阶级专政的工具"转向"教育具有生产力属性"，进而转向"教育具有商品属性"和"教育具有产业属性"的观念；其二是对"教育价值"的认识变化，80年代教育研究者所重视的是教育的社会价值，90年代教育研究者更关注教育的个体价值。第三，"中小学教育"研究主题的关注程度大幅下降，"高等教育"研究主题得以突显。这三方面的特征验证了本文的研究假设。本文最后一部分，运用研究假设中构建的"影响机制"模型，解释了我国社会转型影响教育研究主题变迁的一些具体方面，并进一步发现三个问题：一、教育研究的重心在"外围层面问题"与"核心层面问题"之间摆动，经济体制改革是影响重心摆向的一个重要因素。二、"教育属性观"的三次转变都经历了一个固定模式：教育的现实职能有所变化、新的"教育属性观"产生并引起争论、教育现实职能变化明朗、新的"教育属性观"获得广泛认可。三、90年代"高等教育"研究主题在教育研究中突显，其表层的原因是政策的导向作用和高等教育大众化引发了更多的问题，其深层的影响因素则是社会结构的转型。[1]

第六节　证"伪"的思维也重要

一般我们在做研究的时候，尤其是做到有点成果的时候，总是会感觉"一览众山小"，好像自己都是对的。如果你看那些所谓的"模式"和"经验"，基本上都是"包治百病"的一副姿态，这就说明我们的思考离每个人具备"独立的思想"还有很遥远的距离。

因为这种无端的自信，我们的很多讨论，也都是没有交锋的讨论，都是"公说公有理，婆说婆有理"。如果我们真正要推进研究，就一定要聚焦到同一个主题"公到底有理没有"？可惜，我们很少看到这样的争辩，这也是小学界研究的学术含量不高的 个原因。

有一个办法可以很快帮助我们找到其中的缺口：证"伪"。

因为我们在做研究的时候，容易把取得成绩归功于研究的东西，而同时会有意无意"选择性"地把错误排除在外，或者忽略不计。

---

[1] 袁智慧. 我国社会转型对教育研究主题变迁之分析——以《教育研究》杂志为例[D]. 华东师范大学学位论文，2003.

而证"伪"就是让我们可以通过以下的方式梳理问题：

首先思考：如果取消了这些研究所讨论的因素，结果又会如何？

譬如有一项研究认为学生写日记能提高学生习作水平，那么，如果取消了日记，学生的习作水平是否就不会提高了？显然不是的。因为很多老师并没有让学生写日记，但习作水平也不低。

第二我们要继续思考：到底是什么在影响习作水平的提高？

依然以日记为例，因为日记通常会在同学间互相传阅，那么是否说明互相交流有利于促进学生习作的进步呢？这种交流的价值在哪里呢？

只有这样一层层往前推进，我们才能真正找到事情的原因。这在管理学上也有很经典的案例。大野耐一先生提供了一个"问5个为什么"的例子。当面对机器停止工作时，通过重复的追问，就可以得到以下发现：

一问："为什么机器停了？"答："因为超负荷，保险丝断了。"

二问："为什么超负荷呢？"答："因为轴承的润滑不够。"

三问："为什么润滑不够？"答："因为润滑泵吸不上油来。"

四问："为什么吸不上油来？"答："因为油泵轴磨损、松动了。"

五问："为什么油泵轴磨损了呢？"答："因为没有安装过滤器，混进了铁屑等杂质。"

我听到过一件很有意思的事情，说是一位中学名师，上了一堂语文课，大家都觉得很好。但有一位研究者的眼光或者说思维就是不一样，他觉得这其中可能蕴含着问题。于是他请这位老师在小学里找一个班级，用相同的教案教学，结果，小学里的学生的反馈和中学并没有什么两样。这位研究者通过这个事情告诉我们，我们对学习内容的选择弹性太大了；同时他还告诉我们，我们的课堂还是老师的课堂，而不是学生的课堂，如果是学生的课堂，就应该有不同的设计和安排。

【案例4-8】对阅读和表达本位的争论问题的一点想法

证"伪"研究可以方便我们找到研究的真正价值。

语文教学到底是阅读本位还是表达本位？这个问题大家一直在争论。

其实，这个问题产生的原因是我们大家都从宏观上对阅读和表达进行理解，有的认为阅读重要，有的认为表达重要，因为阅读和表达本身是有时间纵深和内涵跨度的，在阅读和表达层面的争论并不能解决问题。争论的时候大家都从复杂的现象中找到了自己的例证，听听都有道理。因为我们只停留在这一层面上，再加上学术受到其他因素的影响比较大，所以真正的学术讨论不多。

问题的解决必须在"下位概念"上思考。从时间纵深上看，一年级是阅读本位还是表达本位？恐怕阅读本位会多一些。从内涵跨度上看，古诗词教学是阅读本位还是表达本位？恐怕阅读本位会多一些吧！虽然我们零星地看到从古诗词出发关注表达的，但不管如何，古诗词的内涵限制了表达本位的实现。当然，这只是一些举例，不是详细的论证。我的意思是，我们只有在更下位的概念中，才能厘清一些观念。很多时候，泛泛地谈并不能解决实践的问题。

附录1：

本章拓展阅读书目

[1] 威廉·维尔斯曼. 教育研究方法导论[M]. 袁振国，译. 北京：教育科学出版社，2003.

[2] 刘良华. 叙事教育学[M]. 上海：华东师范大学出版社，2012.

[3] 刘良华. 教育研究方法专题与案例[M]. 上海：华东师范大学出版社，2010.

[4] 陈向明. 质的研究方法与社会科学研究[M]. 北京. 教育科学出版社，2000

[5] 曹锦清. 黄河边的中国[M]. 上海：上海文艺出版社，2013.

[6] 曹锦清. 如何研究中国[M]. 上海：上海人民出版社，2010.

[7] 熊培云. 一个村庄里的中国[M]. 北京：新星出版社，2011.

[8] 雷通群. 教育社会学[M]. 福州：福建教育出版社，2008.

[9] 郭华. 静悄悄的革命——日常教学生活的社会构建[M]. 北京：北京师范大学出版社，2003.

[10] 吕型伟. 吕型伟从教七十年散记[M]. 上海：上海教育出版社，2004.

[11] 张彦春，朱寅年. 16位教育家的智慧档案[M]. 上海：华东师范大学出版社，2006.

附录2：

学生生活形态和生活方式的印记来自哪里？[1]
——一位六年级学生成长的访谈

研究的选题和设计

　　教育作为传载文化的方式，其延续性是任何一种文化行为所无法比拟的。从某种意义上说，学校文化是一种现实存在，或者说，就是学校师生的生活形态和生活方式。每天在校园里发生的事情，刺激着学生在生活方式上的改变。

　　行政力量驱动的大学，自然更具有权威文化、官僚文化；教授治校驱动的大学，恐怕就会对学术自由尊重多一些。选择一所学校，就是选择一种师生的生活形态和生活方式。学校文化因为一届届学生和老师的传承而延续和演进，文化的强大正在于此。基于这样的逻辑起点，我觉得，学校所期待的学生在学校引导下的发展，一定会呈现在学生的身上。

　　天长小学期待学生在学校经历一种怎样的生活？从学校不同的介绍材料看，我们可以看到学校对学生的尊重。天长尊重学生的差异，提出"面对有差异的学生，实施有差异的教学，促进有差异的发展，获得有差异的成功"，并以"差异教育"作为学校近20年的发展主轴，在教师管理、课程设置、环境营造、家校沟通等平台开展了一系列的探索，被基础教育界的同仁广泛认同。学校期待通过老师的差异化管理，实现老师的自主发展，协同课程设置和家校沟通，一同为学生的差异发展奠定基础。真正的教育，是在全校师生（更广意义上是在社会和历史）不断质疑中的社会认

---

[1] 本文为全国教科规划课题"基于差异的教育：现代学校的课程与教学研究"（立项编号：FFB090681）成果之一，发表于《上城教育研究》，2014.5。

同。学生发展的主流价值，是社会"亚传播圈"（即具有广泛价值追求和利益诉求的家长群体）公众需求的折射，任何一所学校都需要关注和重视这一社会发展的需求。名校之所以是名校，不是拥有多少人的赞美，而是不断地认识当下的社会和教育，并做出响亮的回答和前瞻性的践行。

我的教育教学生涯也告诉我，不同的学校因为不同的文化，其学生的面貌也会呈现不同。虽然这种面貌的不同，从宏观上看，有很多不同因素，但如果就学校学习而言，其主因就是学校的文化熏陶，或者更为直接的，是班级文化和教师文化的熏陶。

我们选择天长小学六年级的一位同学进行"质"的研究，这种"质"的研究是指在自然环境下，使用实地体验、开放型访谈、参与型和非参与型观察、文献分析、个案调查等方法对社会现象进行深入细致和长期的研究。这种研究通常以归纳法为主要分析手段，在当时当地收集第一手资料，从当事人的视角理解他们行为的意义和他们对事物的看法，然后在这一基础上建立假设和理论，并通过各种渠道对研究结果进行相关验证。

天长小学曾经正式出版了好几本论述差异教育的书籍，发表的相关文章更是不在少数，但更多地集中在概述性地描写故事，缺少过程的具体展开和个案的深入研究。在本研究中，通过关注学生的生活形态和生活方式，折射相关学校引导的运行机制，反馈教师的生活形态和生活方式。儿童无疑在学校生活和形态中处于核心地位，从"全息理论"看，截取事物的一个细胞，其实包含该事物的所有的信息，正是基于这样的认识，我们觉得，寻找个案，进行一次阐释性的研究是必要的，我们希望从这位同学的生活形态和生活方式中，可以看到其背后的教育力量，而且这种力量是以散点形式存在的，每个阅读者都可以进行自我的体认。

研究的相关说明

关于抽样

从"质"的研究来看，我选用的是目的性抽样，即按照研究的目的抽取能够为研究问题提供最大信息量的研究对象。在抽样前，从日常的了解中（包括平时的接触和活动中的随意观察），我们得知W同学是活泼大方的学生，如果选择代表学生，W一定会是其中之一。我们已经预设了W同学的成长和发展是比较能够代表学校的发展愿望的。在目的性抽样方法中，我们的个案不仅具有典型抽样的特点，还有强度抽样的特点，也就是说，W同学的访谈与其成长经历，可以为研究问题提供非常密集、丰富的信息。

为了从不同角度对W同学进行研究，我对W同学的班主任老师、任课教师、同学，以及学校校长、学生发展中心主任、课程中心主任、部分教师进行了访谈，所有这些都为我的研究提供了大量的信息，帮助我们在复杂的信息中，寻找学生成长的因子，寻找学校教育的印记。

关于访谈

与W同学的访谈及与班主任老师、任课老师、同学的访谈，都在学校办公室进行，学校办公室是相对独立的半开放空间，由于学生对办公室比较熟悉，她会对环境产生认同。

访谈情况见以下表：

访谈对象	时间	地点	记录
W同学	2011年6月13日下午约1个半小时	学校办公室	笔记
Z老师	2011年6月20日下午约1个半小时	学校大接待室	笔记
W同学父母	2011年7月1日下午约1个半小时	学校办公室	笔记

访谈对象	基本情况
W同学	六年级某班中队长，曾获杭州市"雏鹰金奖"、浙江省少年作家协会"文学之星"比赛三等奖、浙江省课内作文大赛二等奖，浙江省少年作家协会会员，钢琴八级。

访谈对象	基本情况
Z老师	杭州天长小学高级教师，中国民主建国会浙江省参政议政委员会委员、浙江省优秀辅导员，浙江文学院特约研究员。她所带的班级多次被评为"杭州市先进中队"、"区三好班"、"区优秀中队"。"行为上守纪，思想上创新"是她培养教育学生的目标，她把教会学生做人、做事看作教育工作的根本和基础。
W同学父母	爸爸：40多岁。80年代到杭州读书，曾在商业性的省级机关工作。后来选择停职创业。喜欢运动、看书和看电视。 妈妈：近40岁。独立创办公司。在W同学小的时候对他看管得多一点。

访谈开始时，除父母外，受访者都没有进行自我介绍，以免显得生硬。我是这么做开场白的："我在进行一项研究，这项研究主要采用了访谈的方法。您的问题没有对错和好坏之分，怎么想就怎么说，就像聊天一样！"因为社会对老师固有的信任，每次访谈都在信任的环境下进行，每次访谈的进行都很顺畅。

因为W同学已经是小学六年级的学生，性格又比较开朗，访谈前我就只是告诉学生想了解几个问题，避免学生知道调查的目的后，会提供相对指向性强的答案。访谈利用的时间是学生和老师比较方便的时间，学生安排在中午，可以不多占用学生的学习时间，不影响学习，进行比较放松的问答；教师安排在空课的时间，事先征询教师的时间安排，以免影响教师的工作。

我们采用围绕提纲的开放式访谈，尽量让访谈者根据访谈提纲放开来谈，访谈者有充足的时间来进行追问或者倾听，以便使访谈的内容更加地接近于现实或者被访谈者的表达意愿。

整个访谈过程是随时记录的，这样，从访谈者的角度看，似乎缺少了一些被访谈者的即时表情，如眼光或者手势的交流。而且，有时候因为记录的原因，需要对方重复刚才叙述的内容。但同时，访谈的记录保障了两者的交流不会显得很急促，不会过多地受到其他的因素的影响（譬如不同手势的引导作用）。我们曾经想过用录音笔进行记录，但中国人显然不喜欢外露，对录音总有些抵触，如果不用录音的手段，访谈能够更加放开一些，因此，我们最终没有选用录音笔记录的方式。

访谈提纲的设计维度主要包括整体评价、学校生活、老师和同伴、父母、教师观、学习观、学生观等，部分问题前后有呼应，以便从不同方面真实理解访谈者表达的意思。主要涉及的问题是：

1. 如果用一个词语形容你自己，你愿意用什么词语？为什么？
2. 在你的小学生活中印象比较深刻的事情有哪些？
3. 你觉得同学和老师会对你有什么评价？你最欣赏的老师和同学有哪些？为什么？
4. 你在小学中学到的最主要的是哪些？如果有可能，你还愿意学习哪些？
5. 你对父母的评价如何？你从他们那里学到一些什么？说说你记忆中印象最深刻的事情。
6. 如果你当老师，你最想成为怎样的老师？现实中哪些老师的哪些地方促进你学习？
7. 你最崇拜的人是谁？偶像是谁？为什么？
8. 你经常与谁交流关于学校、学习、生活的事？你们一般谈论一些什么？
9. 你听到的其他学校一些好的做法是什么？你从哪里知道的？
10. 你最想对进入天长学习的学生说什么？

以此提纲为基础，我对W同学进行了两次访谈，对Z老师进行了一次访谈。当时恰遇市教研室开展调研，所以我与Z老师有一次比较长时间的交流，我也顺便做了交流记录。另外，我还对其他相关人进行了一次访谈，以访谈记录为基础，共整理出访谈记录4份，其他相关资料25份。

关于伦理

任何一个研究都会遇到伦理道德问题。我告诉受访者，材料将被作为研究用，不会泄露作为他用。同时，记录时访问对象的名字都用字母代替，以免产生不必要的麻烦。同时，整个访谈的过程，只有访谈者和受访者，两者是互相尊重的关系。虽然我竭力避免自身角色的行政色彩，希望自己是一个纯粹的交流者，但事实上很难做到，这使访谈显得"正式"，好在受访者多半心态比较开放，减轻了由于这一原因而导致的不利影响。如：

W：某些事情也不要太害怕，因为它们可能就是"纸老虎"。

问：你遇到过吗？

W：想想看吧，这类事情我遇到的比较多吗？思考一下。我们说得最多的就是很多领导来的时候上台表演。

问：就是不要害怕？领导是"纸老虎"对吗！

W：你把前面改掉吧，（这个表达）不是很确切。

其实在访谈的过程中，我一直希望W能畅所欲言。但随意一追问，W马上就回到了自己的角色定位，其实，她的本意我也很能理解，她的意思就是说要在"战略上藐视敌人"，不要把困难看得太重。我本来想开个玩笑，以便在接下去的交流中能自由一些，但从她的反应看，起到的是相反的作用。如果不是因为她对我也熟悉，恐怕在接下去的交流中，"自我安全"的保护会影响她的自由发挥。这也提醒我，作为研究的访谈不是一项随意的谈话或者交流，不是消遣性的，而是需要有科学的设计。

关于效度

研究的整个过程中，我寻找了不同的受访者谈论W的发展问题，这样做，相比只是和学生个体的交流，更能增强本研究的效度。回忆研究过程，可以清晰地发现，虽然我不是一个受访者的"陌生人"，但是，无论如何淡化，我是学校的老师和副校长的角色是不会改变的，一方面，这种角色增强了接触的便利性，但另一方面，行政角色的存在，有可能会使学生、家长和老师有所顾虑。同时，对于问题的设计和材料的分析，我们都会带上自我的色彩，原有思维方式甚至表达方式都会对效度产生一定的影响。

访谈资料的相互验证，可以增强材料的效度。不同的老师、同学、家长谈论的是同一个体，他们之间的谈话内容可以互相证伪。

因为杭州市教育局教研室开展对Z老师的调研，我听了Z老师中午的谈话课（一个考试前的心理辅导），观察了W在课堂的整个表现，并全程记录了Z老师和教研室教研员的交流。在整个过程中，作为研究者，我更加真实地看到W同学的表现与Z老师的管理和教学理念的实践性操作。

因为我的整个研究是开放式的，就内容本身而言，不存在使受访者感到头疼的两难选择，所以，就整个过程而言，受访者提供的资料相对来说是客观和丰富的。

对研究资料的初步分析

对于访谈的材料，我希望采用两种思路进行整理，一种是从上而下的整理，即我希望从理论、学校等比较上位的概念出发，看看是否能从学生身上发现学校力图体现的影响；第二种，我也希望从所有访谈者中，发现一些我们平时可能会遗漏的细节，给我们提供一种启发。在这个访谈资料的整理中，因为收集的资料比较丰富，除一些重复的内容之外，所有的原始资料都将有所呈现，以避免在材料选择的过程中，刻意寻找对访问者"有用"的信息，这样就失去了研究的"质"的意义。

整个访谈基本上是收集按照同一个提纲形式进行访问的多人的见解，形成一种基于不同个体和生活实际的联系，从不同人的见解中，呈现丰富而多元的理解，从互相印证的内容中呈现他们之间深刻的相互关联。

对访谈的内容的整理需要分类。根据核心类属的区分，我将所有的访谈资料分成对自我的认识（自我观）、教师影响（教师观）、同伴影响（同伴观）、父母影响（家长观）、学校影响（学校观）五个维度，便于统领不同维度的内容访谈记录。

一、来自自我

W同学的一日大事记（2011年6月9日）

太阳真好（太阳），喔喔！

新的一天开始咯！（笑脸）

上学。（小车）

7:10 很可惜，今天我不是第一个到校的，是第二！（但明天我一定

是NO.1，笑脸）

我在教室里踱步，发现小金鱼死了，好可怜！

7：50　Z老师给我一个好机会，去评论华少的文章《我的时间》。但他写得好烂，还没我写得好，离题万里，还写了一个"少儿不宜"的比喻。

第一节：英语　考听力

第二节：数学　讲平移旋转

第三节：音乐　写评论

第四节：语文　讲试卷

今天中午我第二个吃完饭，又是第二！Z同学今日到校和吃饭都是第一，不过就算我得了两个第二，也不能说我"二百五"哦！

午休

第五节：美术　做海报

第六节：品社　吃棒冰

回家

我发现我买的珠子到货了。

和往常一样做作业。

今天偷懒没弹钢琴，睡觉了。

看了3天学生的自我记录和老师的观察之后，访谈从闲聊开始了。我知道W每天回到家喜欢吃东西，就问她原因，她的回答十分简洁和坦诚，她说因为肚子饿了，本来都是在车上找点东西吃的，最近外公换了新车，不愿意再让她在车上吃了。我还请Z老师做过一个学习观察，知道现在虽然是毕业迎考的时候，但W每天还是坚持练习弹钢琴，我和她就此进行了交流。她的回答更为坦率，她说以前不太想弹，现在想练了，就每天弹一会儿，也是生活中的经验。这到底是什么经验？因为这些只是辅助问题，所以当时没有关注和追问。我问她每天晚上什么时候睡觉，W说一般是9点半，但有时睡下去以后在床上躺一会儿会醒来。她还向我透露了一个信息，她说最近每天很早到校。当我问她为什么的时候，她说做事要从容，看到同学们一个个来，她感到很高兴，因为临近小学生活的尾声了，这样的体验越来越少了。

我又和她聊了最近《今日早报》（在省城是一份覆盖面比较广的都市

类报纸）上开展的高考文章写作活动，W评价了一位娱乐界人士写的以"我的时间"为题的文章。当时，我看到W的评价是否定的多一些，我就问她原因，她说：他的文章有点卖弄。利用一点名句是好的，但要写出自己的真情实感。老是用"我们，我们"，但他不能代表其他人，我们每个人的想法都不一样。有些词语用词不当，难登大雅之堂。（我知道文章中有一句："时间像乳沟，只要挤一挤，总还是会有的。"显然，她指的应该是这句话。）文章开头和结尾都太匆忙了。在文章的评析中，W给我的感觉是坦诚，敢说，说得有理。我之所以和她展开闲聊，一方面我觉得闲聊中也有很多信息会呈现一种倾向性，另一方面，我希望能够使她觉得访谈是件愉快的事情，就像聊天一样。

问：如果用一个词语形容你自己，你愿意用什么词语？为什么？

答：一下子想不出来。形容别人比较简单。（为什么？）别人可以夸人。如果是自己就有点不谦虚。说一点可以，说太多就不好。

（想一想，沉思了一会儿）与众不同。因为每个人都有与别人不一样的地方。我会跟别人有一样的东西，如果跟不同的人比就会有不一样的东西。

显然，在自我认识中，她希望自己是一个独立的个体。如果不是因为偶发的因素（比如刚好有活动能够呈现学校差异教育的思想，而她又刚好是主持人），而是学生的自然反应，则学校的教育教学思想已经有足够的影响力，至少，对学校的核心教育教学思想，学生是用自己的语言进行表达的。

在Z老师心目中，W是一个可爱的孩子，Z老师进一步解释，这种"可爱"包含蛮多的，包括落落大方、开朗、宽容、乐于助人。

我也委托老师在学生中做了一个简单的关于W的评价的调查，收到18位同学的材料，以下呈现的是部分同学对W的评价。

N：她不仅活泼可爱，落落大方，而且幽默风趣，助人为乐。

H：活泼开朗，幽默是她的独特之处……她虽然成绩不突出，但是她却是老师心目中的好学生。

K：认真，负责，开朗，阳光，热情，点子多。

M：有品位，热爱艺术，阳光，天使，向阳花，重情谊，有爱心，负责，善解人意。

ZH：直率，认真，有时候成熟得像个大人，有时候幼稚得像个小孩子，极富好奇心。

Y：认真负责，大度，开朗，阳光，热情，点子多。

Q：集善良、大度、开朗、阳光、自信、能干于一身的才情女孩。

S：性格外向，善于与人交流。认真，阳光，幽默，负责，善良。

父亲给女儿的评价是"聪明伶俐"。他说："我的女儿智商还是蛮高的，就是比较懒惰，也比较贪玩。比如能拖的事情就比较拖，但如果是重要的事情她就能很快完成。"

父母亲回忆起W那年参加一个类似于夏令营的团队去日本的事情。当时孩子大概9岁，却好像一下子长大了。这里除了父母的"放手"，恐怕也有先天的因素。她对旅行一点都不害怕，出乎大家意料。倒是爸爸不同意，有点不放心。妈妈同意了，觉得应该没有问题，什么事情都应该经历，什么事情都应该要独立去做。W当时住在别人家里，同学钱花完了，W就按照汇率借他钱，父母问她怎么了解汇率，她说商场里有的。

W还是一个非常孝顺的孩子。她不喜欢坐车，因为晕车所以不喜欢回父亲的老家（龙泉）。但每年过年的时候，她仍然要奔走400公里，去看望年迈的奶奶。W克服自己的困难，连着回去了4年。

二、来自学校

问：小学生活中令你印象比较深刻的事情有哪些？

答：2005年进入小学，经历了6年生活。发生的事情，我分为高兴的与不高兴的。

一年级的时候，写入学的时间，我写成出生年月了。我觉得这反映了一个问题，我比较容易走神。

比较高兴的事，譬如夏天的时候Z老师请吃棒冰。（为什么？）表现好，排练很辛苦。（什么是表现好？）就是一件事情好不好，跟最后的效果没多大关系，只要自己认真就好了。但我有时候做不到这一点。有时候一个星期都认真做作业，双休日就想偷点懒，看点电视，溜达一下。其实不太好，但有时候忍不住。

辩论会或者表演节目的时候也高兴。班里有活动的时候都很高兴，就是觉得大家在一起很开心。辩论会时候也很高兴，如果赢了更高兴一点，输了也没关系，别的同学赢了我也会替他们高兴。

昨天很高兴，参加陶艺大会的颁奖会，外公和外婆没弄清楚时间没能来陪我，但Z老师一直陪我们，当时我挺感动的。

问：你在小学中学到的最主要的是什么？如果有可能，你还愿意学习什么？

答：我觉得小学里学到的东西，可以分成两大类：一是学会了做人，就是生活智慧等；二就是学到了知识。学做人具体可以包括几个方面：一是积极，不但上课发言要积极，对人生也要抱以积极的态度；二是对任何事物都要怀着感恩之心，对爸爸妈妈老师等都是如此。Z老师说如果碰到对你不怎么好的人也不应该去讨厌他们，要一笑了之，因为他们让你学会了坚强。Z老师教我们要勇敢无畏。（为什么？）一方面对上课发言要勇敢，不管对错都要说，另外面对人生也要勇敢。

小学一年级到六年级要学的知识太多了。语文学会了背古诗80首，然后学会很多宋词，元曲也会背了一些。写作会写人写事写景，甚至还会写诗歌、影评以及各式各样的散文，上次写运动会就是散文，小说也会写了，安房直子这种类型的小说也写。数学题型太多了。英语里简单的对话全会了。我还会唱很多"西城男孩"的歌曲，那是挺有名的乐队。

我想学的东西太多了，想学滑板、蝶泳。我还希望有一个《绿山墙的安妮》中一样的故事会，可以写故事，然后交流。好多啊！串手串，我也很喜欢。（你和H老师学？）学了，今天学了。还有养花……其他事情太多太多了。

学生印象最深刻的事情都来自于学校生活，可见学校生活在孩子成长过程中的重要性，而这些事情，又都与班主任老师有关，可见班主任老师对学生成长的重要性。这些虽然是教育的常识，但很多时候，我们在对学校生活的安排中，考虑给学生留下童年的回忆了吗？我们的班主任老师，营造过让学生记忆的"名言"了吗？而且，我们看到的很多活动，都和学习知识没有什么关系，这说明活动在小学生活中的重要性，孩子的世界是一个游戏的世界、活动的世界。在游戏和活动比较形象和充满实践性的锤炼中，孩子开始慢慢地学会规则、学会思考、学会学习。

孩子对学习的欲望是如此的强烈，W希望学到的东西，譬如滑板、串手串，就不是我们平时在设计社团、课程的时候会顾及的。写故事也是很有意思的想法。我们可能会觉得孩子会讨厌这样的社团。孩子的教育其实很简单，从W的身上，我们可以看到的就是积极和感恩。这些回答是否来自于学校教育的影响？从直接的分析看，这些更多地来自于班级的影响和老师的影响。天长是提倡教师差异发展，提倡每个教师在遵循教育规律的基础上开展基于个人特性的活动。从某种意义上说，其实学校的教育思想或者理念的代表就是老师，在学生眼里，老师就是学校。老师对于学校的重要性是毋庸置疑的，李希贵先生说的"教师第一，学生第二"是有充足的理由的。

教师对学生的影响是有目的的，还是无意的？我在对Z老师的访问中，Z老师告诉我，这种影响与学生的成长具有高度的相关性。Z老师认为：书本知识只是很小的一部分，更多的是精神层面的。我从以前的学生中发现，在天长，在我这里读书，得到的是能力上的锻炼，有的学生小学的时候闷闷的，后来变得豁达。有的调皮，在班中没有地位，后来却成为班干部。毕业的学生每次回来看我，我都安排他们和现在的班级的学生聊。现实的东西会更有说服力，比较形象地接近孩子的世界。小孩子的世界是不大的，我们不帮助打开，家里吵架了，他就觉得天要塌下来了。这个时候，我觉得应该问一下一般提供什么媒介。Z老师的回答一般是温暖人心的故事、历史，如果一个人不懂得历史，是残缺的人。我继续问，这是引用的答案还是自己的结论，Z老师确认是自己对历史的认识。我觉得一个人对自己的国家、民族、家族的了解不足，就不能寻找自己的使命感。历史是教人思考，人文是教人温暖。一个人能思考，温暖，是一个很有前途的人。我觉得老师有自己的喜好是很好的一件事情，但老师的喜好是否一定要引导学生呢？或者说，是否一定要用自己的喜好去影响学生呢？为解决这一疑问，我又和Z老师讨论了如果老师不引导，学生会去关注什么媒介的资料。Z老师根据自己的实践告诉我，中年级她觉得是日本动漫的口袋书。很清楚，Z老师觉得学生需要积极的引导，引导中需要找到合适的载体，她找到的是媒介——这种载体不用考虑主流的价值引导，一般的媒体都会积极引导主流的价值观。除了媒介的因素，我想明白老师自己的日常阅读，是否也渗透给了学生。我问Z老师你最喜欢看的书是什么？她的回答是历史，佛教类。不好意思，但我是实话实说。她这句话显然顾虑宗教信仰的问题，其实是混淆了信仰与阅读或者说了解之间的关系，但教师的这种坦诚和学生是否有一定的关联呢？我觉得这样笼统的回答还不够清晰，因此我请Z老师举例自己最喜欢的书。Z老师的回答是《上下五千年》，看了很多遍了。《唐诗宋词赏析》，看了很多遍。我恍然大悟，学生学习的词啊，元曲啊，显然有教师的个人因素在。而《上下五千年》，显然不是一本历史类代表性著作。因为我自己也是一名历史爱好者，我知道在历史书里面，应该关注《万历十五年》、《中国简史》之类的代表性著作。我觉得老师之所以选择这本书，是因为这确实是一本小学教师适合看的历史书，甚至是最适合看的一本。我紧接着和Z老师交流了对历史的看法，Z老师感觉历史是不断地重复，很容易重蹈覆辙，无限地循环，往前推动。历史就像一个A型血的人，一如既往地，不断地重复错误的事情。当然好的事情也有的。显然，Z老师不想把自己的历史思考传递给学生，Z老师之所以选择《上下五千年》，是因为儿童的世界是一个故事的世界，系统的分析或者抽象的铺陈都没有任何的意义，在Z老师对书的选择中，我明白这是一位老师，她很清楚学生需要的是什么。

在访谈中，妈妈提出，孩子目前的状态和幼儿园还是蛮有关系的。她在幼儿园上的是蒙台梭利班（可能是以蒙台梭利为特色的班级，杭州部分幼儿园有这样的班级，但学前教育界对此存在分歧意见），培养孩子上课的注意力和动手能力。进入小学以后，妈妈发现她在一年级学习的时候比较累，因为幼儿园没教任何知识性的内容。妈妈希望给孩子一个快乐的童年，她认为提前学可能会养成一种习惯（坏习惯）。

三、来自教师

问：你觉得同学和老师会对你有什么评价？你最欣赏的老师有哪些？

为什么？

答：我觉得应该挺好的。人不可能是十全十美的，他们心目中一定会有我比较完美和不太完美的方面。

Z老师对我们很好，很负责任。大部分时候我觉得她像我们的妈妈。她也一定把我们当作她的小孩。我们做错事的时候她也很严格，这也是因为她很在乎我们，否则完全可以放开不管。Z老师长得很漂亮，衣服也很漂亮。她也很幽默。我喜欢她课的原因是她上的课很多元化。（请举例）上次我们讲到一篇俄国的文章，她就给我们讲了一个沙皇的故事。（这是多元化吗？）她给我们讲虫子时，让我们听班德瑞的音乐，里面有虫子的叫声，有夏天的夜的感觉。

H老师上课挺好的，教得很好。而且我觉得他的生活一定是丰富多彩的。（为什么？）我听说他家里有很多兰花，他很喜欢弹古琴，我记得他上次跟我说的。他很喜欢红玛瑙和珊瑚，和我们不一样，我们可能会喜欢钻石啊什么的。

其他老师都挺喜欢的。这两个特别喜欢。

Q老师上课也很认真，PPT都是自己做好的，很认真。她上课很有趣，教我们唱英语歌，不都是课内的要求。

问：如果你当老师，你最想成为怎样的老师？现实中哪些老师的哪些地方使你学习？

答：我希望成为一个受学生爱戴、尊敬的老师。在教学方面有一点作为。不是说没有作为就没有地位吗？Z老师值得我学习。我们很喜欢Z老师，就说明Z老师好，受学生爱戴。还有就是H老师，H老师也很受我们喜欢。

问：你经常与谁一起交流对学校、学习、生活的看法？一般谈论一些什么？

答：上英语班的时候，我和别的学校的同学交流，但和外校的不怎么认识，没有学校里的同学好。（你愿意和他们交朋友？）我愿意。但说脏话的不喜欢。

和我一起交流的，一个是爸爸，一个是Z老师。学习上的事情我喜欢和爸爸和Z老师说。我是用排他法确定的，外公外婆没有共同语言，有点代沟了；妈妈有点大大咧咧，对事情有点充耳不闻的感觉。她觉得我的事都是小事，她做的才是大事。我和Z老师聊家里发生的事情，和爸爸聊学校里发生的事情。这两个人都是我的偶像。外婆也是，外婆是个很大度的人。

Z老师的影响显然占有重要地位，在对Z老师的访谈中，Z老师认为自己最重要的一点是一视同仁，对所有的孩子都一样，是非观念分明。还有她觉得她是把他们当作自己的孩子。很多时候我们都会这样说，但做起来会很难。（比方说：接近期末了，有的孩子思想变化蛮大的，譬如不是很认真学习了，Z老师还是会花时间和家长联系。她觉得她看到了这些事情，就应该和学生谈。有些老师可能会想，已经毕业班了，就算了吧！）当天气很热时，Z老师就会说："我请客，吃棒冰！"因为她认为，如果是她的孩子，她一定会买给她/他吃；中午如果很累了，她就让孩子们睡觉休息。她拍了很多照片给家长。童年是不可复制的。她把孩子在教室的情况拍下照片传给家长。她觉得这都是美好的童年，她愿意这样去做。Z老师觉得她自己孩子的老师这样做的话，她就会安心。她说，家长应该更为综合地看老师，老师的教育是一个长期的过程，只抽取其中的一小部分，是不能做出教育的价值判断的。提出这一观点，也许是Z老师觉得自己有时候可能还是会因为严厉而引起家长的质疑。但同时，她又非常肯定地说，欢迎家长的沟通，希望家长能够信任她。教育应该是大家一起配合起来做的。

我觉得如果这是出于一种自发的母性，这种影响可能告诉我们有母性的人更适合做老师。于是我问Z老师：这是母性吗？Z老师回答说："是的，我儿子上幼儿园。看到一个孩子哭了，我心里就难受。我会跟他说你不要哭。"她见不得孩子哭，会想到自己的儿子。她从来不跟自己孩子的老师搞关系，不然她觉得不配做一个好老师。她觉得老师是不可以选择的。Z老师觉得自己无愧于良心，对得起这份职业。她讲到一种社会评价：现在说到小学老师，贬的词语不少，但她觉得好的小学老师也挺多。对自己的孩子好不算好，对别人的孩子好才是好。

我又请Z老师谈谈自己对好学生、好老师的看法，以便我们从不同侧面了解Z老师心中的信念到底是什么。Z老师的回答是：老师应该有传统的思想。师者，传道授业解惑也。老师是需要学生去崇拜他的。同时，老师应该和现代的理念结合，学生是一个个鲜活的生命存在，老师应该做一个艺术家，欣赏、引领孩子，但不是雕塑家，敲敲打打。小学阶段，老师的最重要的素质是敬业、博学、责任心，这样的老师越多，教育就越有希望。优秀的学生，应该有健康的心理，乐于助人，开朗，能收能放，活泼奔放，学习安静；行动上守纪，思想上创新。对于学习，Z老师也有比较明确的信念，人就是要终身学习。学习不仅是学书本，更多地是通过活动得到提升，是智力、品行、能力各方面的提升。要到大自然里去学习。对孩子们好的事情，舍得花精力，要对得起老师这个称呼。早上会在走廊上读书，换一个学习的方式，体验新鲜感，调节一下状态。但毕业考试前，她也努力地不打破常规，原来该怎么做还是怎么做。

　　Z老师进一步讲了自己的教师观，Z老师最想成为的教师是博学的学者型的教师。她觉得乐观很重要，教育人的人要乐观地去看待一切。她不希望这样的人混在社会上（她指的应该是无所事事地混日子的人）。老师要会感动。会感动很重要，孩子们的一句话、一个动作，她都会为他们感动。上个星期她和学生谈一个问题，5年级的一个小孩跑过来和她说：我喜欢你。为什么？因为你的表情很丰富。她觉得自己也希望被学生表扬，这是做好一个教师的动力。

　　这时我和Z老师交换了一个意见，我说我感觉您对生活充满乐观，积极向上，但人的经历中，只是向上、积极，恐怕也不是人生的常态，也不是教育教学的常态。可能有些人就是沉默的人呢？

　　Z老师补充了自己的观点，她说，婉约派的诗人也很好，不伤害别人，陶醉在自己的唯美的诗句里面，她也会欣赏他。她只是希望自己不要违背自己的意志做事情。Z老师说的"自己的意志"，应该是自己的本性，就是说，Z老师认为自己是一个积极向上、开朗的人，她希望自己班级里的孩子也有这样的气质。这就是教师的熏陶或者说引导的一部分。同时，Z老师也考虑到孩子的差异性，她说在班级里，她也会考虑到孩子的家庭背景。Z老师在这时又强调了一句，学会欣赏很重要。她说的应该是欣赏所有的学生。

　　我请她谈谈她可能给W留下的印象，Z老师的回答是："公正吧！从老师的角度，她会觉得我很公正。老师能做到公正是很不容易的，但我认为我还是公正的。"

Z老师叙述的经历，大概能说明Z老师认为自己公正的原因。Z老师刚接班的时候，对W的印象是小巧、闷声不响，在班级里不是很"出挑"（杭州话，意思是表现优异），是一个默默无闻的孩子。引起Z老师注意的是，W在听课时注意力很集中，总是睁大着眼睛在看，这样，就给Z老师留下初步的印象。那天，Z老师的班级里有一个男孩子，性格很孤僻，很多同学都和Z老师说，他在上课的时候打伤了一个人。Z在了解这个情况的时候，W站起来说，这个同学也有好的地方，并列举了其很多优点，这使Z老师觉得这个小姑娘有侠女之风，不是落井下石的人。Z老师当时就说："我喜欢你。"在别人都数落同学的时候，W大胆地站起来，和全班同学唱反调，说出男孩子平时的一些细节，不是人云亦云，而是有主见的，所以Z老师就将她提拔成为小队长。她很高兴，但个性还是有点胆小。

冬天，Z老师穿了一件夹袄，上面的纽扣是铜钱做的。W跑上来和老师说："Z老师，你衣服上的铜钱是假的吧！"Z老师说："怎么是假的？"（故意）W说："和我看到的铜钱不一样，那个大，你身上的小。"Z老师故意打岔："一毛钱、五毛钱和一元钱的大小一样吗？"W回答说不一样。Z老师就说："古时候的钱也有大小之分。"W听后觉得有道理。Z老师又问："关于通宝的知识你了解多少？"（Z老师补充说自己一直喜欢知识丰富的同学，对知识面开阔的人来说，读书是很有意思的事情。书看得多，对语文、数学和为人处世一定是有帮助的。）然后W就说是她爸爸告诉她的。Z老师就去了解了一下W的父母，了解了一下她的成长环境。因为当今社会，母亲带孩子多，爸爸都是主外的。W怎么总是喜欢和父亲在一起？Z老师觉得她父亲对她一定有很大的影响。

Z老师插了另外一个话题，她曾经提了一个"建构适合男生发展的教育模式"的提案，其中主要的一点建议是对家长的：让父亲更多地参与到活动之中，而不是父亲主外。Z老师从W和周围朋友的孩子中看出，父亲带的女儿胆子大，参与意识强。

Z老师第一次去W家时，感觉她爸爸是个很低调的人，他坐在家里的小板凳上，表露谦虚的本性，但不失自信。

去年孩子们还为Z老师过了生日，他们知道Z老师生日是因为总有以前毕业的学生来看望她。Z老师在生日前几天已经感觉他们有点神秘。W知道Z老师每天带早点到学校，就和Z老师说："明天不要带早点。"Z老师说："我很愿意为学生花点钱。"她以为孩子们和她一起吃早餐。学生们要求Z老师7点40分进教室。Z老师走进门的时候看到一个蛋糕，这个蛋糕是孩子自己做的，周围放了一小包一小包的咖啡。W主持了Z老师的生日PARTY。后来Z老师了解到，蛋糕是W同学于早上5点30分自己在家里烤出来的。学生们还为Z老师做了一本诗集，每个学生写了诗歌。Z老师说到现在她都记得这个蛋糕的样子，这个美好的记忆她会记一辈子的。当时Z老师的眼泪止不住地流下来了。同学们说："明年您生日的时候，我们都要离开天长了，不会像今天这样陪着您。咖啡是一人一包，写上名字。每一种咖啡的味道是不一样的，您吃吃看，我们就记住您喜欢的味道了。"

四、来自父母

问：你对父母的评价如何？你从他们那里学到一些什么？说说你记忆中印象最深刻的事情。

答：（先说父亲吧。）应该是母亲先说，女士优先。我从客观的角度说，妈妈是个很努力和很讲义气的人，但有的时候不是很理智的人。

爸爸是一个很理智的人。爸爸和妈妈最大的不同是，爸爸会用人，而妈妈不会，只是自己做。但这两个人都是道德高尚的人。妈妈很善良。

从老爸这里学的是，做事情要走一步看三步，做事要冷静，做事要持之以恒。从妈妈这里学的是，对朋友啊什么的要完全处在信任状态，要更大方、更义气一点。

我把双休日的作业忘记掉了，要打印一份文件，然后老爸就说这次不帮你打印。然后老妈就说，小孩子记性差一点是难免的，你就帮她去打吧，然后老爸想了很久就说陪我去。他心软了。

有一次我作业全部做完了，星期天下午，老妈就说，多复习一会儿。我就勉强地去复习，因为也想偷点小懒。后来她还是带我出去吃饭，本来她想严格一点，但后来还是心软了。

（刚才的例子，都是心软的，你觉得心软好还是严厉好呢？）从我的角度上说，希望心软一点。客观地说，严厉可能对我来说更好一点。因为有些时候我不是一个很自觉的人，有些事情会丢三落四。

在与Z老师的访谈中，Z老师也谈到了对她父母的看法，因为Z老师曾经在多次讲座中讲过：家长是老师教育孩子的伙伴。这个观点曾经给我留下很深的印象。Z老师曾做过类似的很多调查和分析，因此我相信，她一定会对W的家长有比较清晰的了解。Z老师告诉我，W从父亲那里学到大气，从母亲那里学到干练，从她身上学到善良。（笑）她妈妈是商界的女强人。父亲在辉煌后归于平静，是很有智慧的一个人。有一次班级组织活动为在杭州生活的外来小朋友发《安全手册》。她爸爸一直陪着女儿。Z老师对家庭教育有明确的认识，她说，如果说她的父母是有心人，一定会在孩子身上留下烙印，不管是优点和缺点。如果父母是有心人，可以把优点最大化，缺点最小化。在家长的纵容下，孩子是没有责任心的。我请Z老师谈谈家庭教育影响的重要性在孩子整个成长过程中的比重，她不假思索地回答：60%～70%。显然，她有比较成熟的想法。我又追问这是自己的思考还是书上的结论，Z老师说是自己几十年人生的经验。她认为教育更多的是家庭教育，是家庭的影响。Z老师补充说，她很在乎每一次家长会。她把她认为好的文章，读给他们（家长们）听，通过这些文章阐明她的观点。如果家长的观点与她不相同，她每次都和家长说，可以有观点的碰撞。每个孩子都来自不同的家庭，不同的孩子的教育方法是不同的。她不希望家长因为她是老师而听从，她会听家长的建议。

Z老师在接受访谈的时候，其实也谈了自己的父母的影响。她从自己的母亲身上，得到了一个启发：每个学校都有好老师，她的妈妈就是在一个很普通的学校工作，但她就是一个好老师。

由此，我们再次交流了对一个好老师的看法。Z老师告诉我，除了把孩子作为自己的孩子（我们通常是说爱心），责任感也很重要。她有两个弟弟，小时候，父母不停地说，要为弟弟做榜样，不论是学习还是各方面。因此，上学的时候她在班级中是班干部。进入单位，领导对她也很信任。有了信任，她就有责任感，因为要对得起他们的信任。后来她去读浙大的研究生，是为儿子树立终身学习的榜样。她的学生多半对她还是很崇拜的。每次出去学习，Z老师都是很用心地听。她希望走到其他的学校去看看。她喜欢悄悄地一个人看，听——这样能了解真实的情况。公开的讲座比较模式化，私下的交流会真实一些，可以探讨一些听报告的时候你听不到的东西。其实Z老师觉得，自己对教师职业的钟爱是与生俱来的。可能有遗传基因，她妈妈就是老师。

W的爸爸的自我评价很有意思，他认为自己与W的交流可能是W喜欢的方式，比较轻松。W比较崇拜他。孩子在小学阶段，对事物的崇拜是一种重要的心理。在教育教学中，尊重与崇拜是否也能营造孩子成长的重要环境？爸爸觉得，W对爸爸的处事、工作方式还是比较喜欢的。爸爸觉得自己可能对她以后的人生观会有很大的影响。平时沟通得多，他对一些事物的观点，肯定会影响到W。他们什么问题都讨论，连关于情爱的话题都有。

妈妈的回答更有趣。妈妈觉得自己给女儿的印象会比较凶，和爸爸比，自己比较洋气，处事比较雷厉风行。W到国外时喜欢跟着妈妈，不喜欢跟着爸爸。

在不同人的访谈中，我们似乎隐约地发现，学生从幼小的时候，比较关注"洋气"，到后来更多地寻找沟通的同伴、崇拜的对象，是对事物的关注从形式走向了内容，或者说，理性思维和抽象思维得到了发展，这提醒所有孩子身边的人，要关注孩子思维和心理的变化。

W的父母告诉我，Z老师虽然要求严格，但是很爱孩子，当他们身体不好的时候，Z老师会自己为学生提供适合的饮食。说白了，孩子们对Z老师的感情堪比对自己父母的感情。父母觉得，把孩子交给Z老师很放心。

Z老师让家长觉得，对孩子的教育不仅在教学上，课外的东西也很重要，她把孩子们的兴趣激发出来了，所以孩子们都喜欢她。孩子不喜欢写作文对吧？但W看过的书，都有笔画线的痕迹。对Z老师的学生们来说，写作文是很有趣的一件事情，背文言文也不痛苦，而我们小时候读书的时候觉得这是很痛苦的事情。父母觉得，孩子学习不痛苦的原因是对老师的崇拜或者说尊重。

W的妈妈跟W有个约定：期中和期末考试如果不是很理想，低于一个指标，那就要上补习班。而且还曾经强迫她上过一个贝尔美语的班，但效果很不好。读书要有兴趣，不能有太多的压力。后来她上补习班都是父母经过她同意的。自己的决定自己要负责任，W的父母的原则是不强迫她做事情。如果达到标准了，就不上补习班。但如果没达到，就要商量了。（这个用过吗？）用过，数学不太好，上补习班。跟老师沟通，平时不检查作业，小孩子上课一定要有兴趣，不喜欢的东西强压下去，她会学得很痛苦。W没有拔尖的科目，其他比较平均，语文是比较好的。

五、来自同伴

问：你经常与谁交流关于学校、学习、生活的事？

答：我欣赏的同学，如J同学，因为她是比较有才华，很有才华的一个人。她还是默默无闻的，不会张扬的人。还有N同学，因为她是比较开朗爱笑的，不拘小节的人。我觉得她不会太在意别人随便说话啊这些，有些大大咧咧的感觉。每个同学身上都有自己的优点，我自己更加欣赏这些而已。我喜欢的类型是或者内秀的，或者开朗的。内秀是因为有内涵，开朗是有张扬的个性。

问：你听到的其他学校一些好的做法是什么？你从哪里知道的？

答：上次开少代会，其他学校的假日小队活动很丰富，我觉得我们也不比他们差啊，我们肯定比他们好一点。（为什么你觉得？）我感觉比他们好啊。他们脸色蜡黄，我容光焕发啊。这个可不可以不写，好像有点贬低他们的感觉。

当知道他们假日小队到夏威夷玩时，我听到所有老师都"啊"的一声。也没什么好羡慕的，我们也会去的啊！

问：你最想对进入天长学习的学生说什么？

答：他是几年级的？（一年级）好好学习，因为现在自己有些后悔，已经来不及了。但这些事情说了也没什么用，主要是要自己去体会。老爸也经常和我说：自己体会到事情的可怕和无法挽回的时候，机会已经失去一大半了。思想要向上，即使来不及，也要好好珍惜。

Z老师告诉我：同学对W有一个认识的过程，从怀疑和不信任，到现在几乎所有的同学都钦佩她，她在同学中的权威是在一次次的事件中建立起来的。Z老师觉得自己还是蛮有成就感的。Z觉得W在班里树立了一种正气。教师是要善于去发现好的苗头，要加以表扬，而不要揪住别人的缺点不放。还要让他们学会感动，Z会告诉同学她的感动。

研究结论

这次访谈是一次愉快的历程。

需要强调指出的是，本研究的抽样样本很小，所选取的研究对象也具有一定的特殊性，因此，最后得出的结论具有局限性。教育是具有规律性的，教育的规律性更多地呈现出一致性。正因为教育的规律性，教师的职业才会具有专业性。在体现不同教育个体的特殊性的同时，教育的规律性是更加值得我们关注的，虽然这些东西看来没有什么创造性，但具有更为深远的意义。

在思考教育的时候，我们关注了学校教育、社会教育、自我教育、家庭教育，这就像动车组一样，它与常规的火车的区别是：常规的火车，只是一个火车头发力，而动车组，所有的车厢都有动力装置，因此，动车组跑得快。我们的教育，只有学校、社会（学生的社会关系主要是亲人、同伴等）、自我、家庭都发力，教育才会走得比较平稳，走得比较科学，发展得比较好。

在和学生、家长、老师的访谈中，以及其他同学的书面叙述中，我们总是发现，在一个孩子的成长经历中，来自老师的最大影响是爱心、责任；来自家长的则是开放，经常和孩子进行交流。在完成整个访谈和整理后，我们似乎没有得出新的结论，但教育的道理，本身也许就是朴实的。

天长一直在追逐理想的教育，中国教育也一直在国际教育理论的参照下寻找本土的经验。理想的教育是有信仰的教育，教师、家长对孩子始终抱有成长的信心，持久地加以引导，教育才能在长期性的熏陶中完成。

学校文化是呈现在一个个活泼的学生身上的，呈现在一个个教师身上的，呈现在一个个教学事件上的。对于任何学校的事件，我们都能在问"为什么？为什么是这样？为什么会这样？还有可能会怎么样？别的学校会怎么样？"等问题中得到启示。

我们也隐约地看到，教师的背景知识，甚至父母的教育，都在影响着我们每一个教师的行为。这项研究在使我们感觉愉快的同时，也带来思考的烦恼，因为学生成长的因子实在太多了，但结合对这项研究的主要看法，我想我们都能从以上的文字中找到自己的答案。

学生的生活形态和生活方式从出生就开始了，教育，则是至关重要的一环。

参考文献

[1] 陈向明. 王小刚为什么不上学了[J]. 教育研究与实验，1996（1）.

[2] 陈向明. 质的研究方法与社会科学研究[M]. 北京：教育科学出版社，2000.

[3] 杨钋，林小英. 聆听与倾诉——质的研究方法应用论文集[C]. 北京：教育科学出版社，2002.

我微笑着走向生活

无论生活以什么方式回敬我

报我以平坦吗

我是一条欢乐奔流的小河

报我以崎岖吗

我是一座大山庄严地思索

——汪国真 《我微笑着走向生活》

第五章 文章可以这样写：微观结构

我们的研究转化为成果，主要当然是体现在对学生的教育教学的行为的改进或者转变上，但对一线教师来说，把自己的研究整理成文字也是很重要的一关，因为写文章和写介绍不一样，文章要有逻辑性，要让人能看明白其中的因果关系和操作方法，要自己能讲明白。

就目前而言，研究成果发布的主要方式还是报告和论文（说"文章"可能更好，但教师们比较头疼的是"论文"，所以我在这里用"论文"，以表示我对论文"八股化"的一种提醒），所以我们在这一章，着重讨论写论文的问题。当然，我再说明一次，在本章中，论文的概念可能会泛化一些。部分教师之所以不敢写论文，其中一个原因可能是把论文看得太神秘，太玄乎，这是认识上的一个误区。其实，报刊上常见的教材分析、教法研究、学法研究、解题研究、课例评点、教学心得、育人心得等，均可以成为论文。不管什么文章，多尝试写一定是一个好的学习方法。

一线教师有成果的展示意识，我觉得实在是一件很重要的事情。

"新课程"开始的时候，盛传一句话："写三年教学反思，一定会成为一名名师。"教师的终极目标是否都要指向名师，值得商榷，但我们如果把这句话作为教师写作的参考，还是很有启发的。

随着云计算的普及，我们在写作时已经可以将人们的日常交流同步转化为文字，很多老师一直遇到的瓶颈——"我说说是会说的，写写不行的"——可能也会得到一些改观，但从讲话的实录到文章，也还有一些距离，文章的逻辑性更强，表述更加系统。

一线教师的文章，涉及的范畴包括：科研论文，这是教师群体中研究已经入门的老师所写的文章，相对的规范和要求比较高；专题论文（学科论文），这是教师群体中每位老师基本都要涉及的文章写作，较科研文章涉及面要广，而且教师的相关评比都比较看重这一类文章，因为科研文章的前提往往都是课题申报和实施等一系列的行为，而且课题的申报一般都有限额，所以这类文章是老师们比较着力的文章类型，本章中主要讨论的就集中在这一方面；其他的案例、管理、叙述类文章，不同的老师因兴趣不同会对这类文章有所涉及，这类文章的要求相对来说较为宽泛，有时候有一定的"应景性"。

第一节　主题的梳理：我到底要写什么

主题是一篇论文的精髓，它体现的是作者的主要观点和见解。因此，下笔写论文前，谋篇构思要围绕主题。主题定下来，文章的基本格局就定下来了。没有一个好的、正确的主题，就不大可能写出一篇好的文章。

论文的主题，就是要把这个研究的成果归纳出来，概括成一个中心的观点，也就是作者对这个问题的基本观点，然后在整篇文章中来展现它。

论文的主题要新颖一些。选定一个题材，把这个题材的核心内容提炼出来，就是一篇文章的主题，这并不难。确定论文主题的难度在于，这个主题是不是正确、是不是新颖、是不是实用。如果不正确、不新颖、不实用，研究成果没有价值，当然，这篇文章也就失去了意义。

论文的主题要直白一些。这正和文学作品相反。文学作品的主题讲究隐蔽，隐藏得越深越好，让不同的读者在阅读时有不同的解读，这才是文学作品常用的主题处理方法。而在写研究论文的时候不能这样，不能让读者去猜，主题越直白越好，要让读者一看就知道你到底想说什么。

论文的主题要简单一些。在读者读完这篇文章以后，能够用一句话就说清楚，这样的主题提炼就是成功的。我们一线教师的论文，主题一定要简明，做到了这一点，文章就成功一多半了。

怎么寻找主题呢？有时候选择一篇论文的主题比想象中要难一些，特别是只有零散的想法的时候，总是想想觉得不难，但提起笔还是写不出来，很多老师的研究整理就停顿在这里。我们可以尝试通过下面的一些办法来找到论文适宜的主题——

不要确定最简单的主题。有些老师觉得确定主题最简单的一种方法就是选择看起来比较容易的主题。但是，选择简单的主题可能会事与愿违，因为等到你要写的时候，你会觉得你写的东西别人都已经写过了。

不要确定宏大的主题。有一些主题会太大，譬如教师在学生的阅读方面做了一些研究，在写研究文章的时候，要适度厘清到底想写什么？是关于阅读内容的选择，还是教师阅读指导策略？是关于阅读结果的评价，还是阅读兴趣的激发？这样逐步思考，就容易寻找到适当的主题。

不要确定过窄的主题。主题过窄，也是一个问题。譬如你想写阅读童话类书籍的选择，但自己也才进行了几次这类尝试，不能对童话做完整的分析，这样，研究文章也是写不好的。很多人可能会想，那我先规划好不就行了吗？这当然是一个好办法，这其实就是课题研究的方法，但其实即使是课题研究，也很难完全按照课题的计划实施，而是要根据实验的情况做调整。一般的研究就更少先有完整的规划再做。

不要确定过于新颖的主题。有的老师想"一鸣惊人"，选择一个只有很少人关注的研究概念，这样当然能够吸引读者的眼球，但同时研究也会陷入僵局，无内容可写，也没有可借鉴的研究。例如你想写"班级管理无边界"的文章，这个主题是好的，新颖的，但你近几年都很少思考有关班级管理的话题，最后你的研究是无法落实的。如果在一项研究上我们没有找到足够多的信息，那么有可能这个题目并不适合我们。

不要确定过于繁杂的主题。现在很多文章都喜欢使用"基于××"的标题和副标题。其实这些词汇和副标题的使用取决于论文本身有无必要，对于一些小文章或正标题足以概括说明本文主题范围的则不必。有时候为了突出要点，或者标题的结构太复杂，用"基于××"开头也可以；结构宏大的论文更可能需要副标题作为限制论文涉及的范围、明确论文阐述的对象，副标题一般是对正标题范围的进一步缩小。当然也有例外情况，如我们看到的副标题前面出现"兼论"，是考虑到某项内容与主题有密切关系，须顺带给予论述，且这一部分在整个论文中居次要地位，若删去这一部分并不影响论文的完整性。

【案例5-1】"学长制"文章主题的选定（文章见本章附录）

在《中小学德育》2013年第七期上，我和陈凯老师发表了一篇文章《学长制：差异教育视域下学生成长路径探寻》，这篇文章后来还获得了浙江省德育论文评比一等奖。

下面看看这篇文章的主题我是如何选定的。

这篇文章的题材是在实践中发现的。我们学校在学生活动中提出基于选择和交往的总体思路，在实践的过程中，我们尝试让不同年龄段的学生进行交往。这样的交往从学理上来说，是否有积极的意义？我查阅了一些资料，同时对我们实践的材料进行了梳理。在确定主题的时候，我们一开始想用活动来概括，但就犯了前面所说的内涵太大的错误，如果做成一个课题研究可能还不错，后来我也确实做了，并获得了杭州市2013年德育课题成果一等奖，主题是"基于交往：小学活动性德育课程的实践和研究"；但作为一篇文章，内容就显得过于繁杂了，所以后来把主题修改成了"差异教育视域下学生活动路径的探寻"，但这个标题依然有主题过于宽泛的问题，因为"学生活动路径"这个概念包含很多东西，最好再做一个限定。在这一次次的限定中，我们最后才找到所进行的实践的独特价值。但思考主题其实是很难的，尤其是要找到一个恰如其分的主题。这个时候有一种办法是阅读一些文章，看看能否得到一些启发。最后，在看了大学中一些学长制和陶行知先生的"小先生制"的材料后，我们才把主题进行了恰如其分的概括，而这个才是我们所做活动的与众不同之处。这个主题，很清晰地把我们的实践进行了表达，因此我们写文章的时候也很通畅，这个研究的目标就是在现今学生缺乏交往的情况下，提供一系列实践平台的设计。

第二节　纵向的逻辑建构：说明问题逐步深入

在选择了主题，也完成了一定的资料积累以后，很重要的一步是设计论文的结构，确定层次顺序。通俗一点讲，就是先写什么，后写什么，构思一个总体框架。文章是有结构和逻辑的，在本节的讨论中，结构和逻辑的意义是很接近的。我们在读一些文章的时候，总是觉得说得有道理，而读另外一些文章，就云里雾里，不知所以然，这主要原因就是作者的逻辑架构的问题。

简单的逻辑架构，一般是回答四个问题：为什么？是什么？怎么做？做得怎么样？

对于一线的教师来说，对前面两个问题思考得少一些，对后面两个问题思考得多一些。从研究的角度看，前面两个问题是非常重要的。

为什么？就是解决研究问题的原因。到底为什么要研究这个问题？是历史传承的原因，还是时代进步的原因？是从学生着眼，还是从教师个人着眼？这个问题其实是价值观的问题。我曾看到过一则材料，说那些闻名于世的人的思考方式和一般普通人的思考方式是不一样的，他们往往更多地问为什么，而一般的人，都是问怎么做。我引用这个材料是想说明，"为什么"在研究中非常重要。据说国外教育教学方面的专家，对中国的专家不以为然，主要是因为我们的专家面对教师丰富多彩的实践，没有回答"为什么"的问题。

是什么？这一点在第一节中已经论述，不再展开。

怎么做？一线教师的文章，主要是介绍怎么做的问题。有没有新的而且是有效的做法？在采取旧的做法的时候，有没有新的发现？

做得怎么样？是不是对结果进行了反思？是否根据"理论减法"，通过一个个因子的减少，确定是由实施的新方法得到的结果？教育教学有着丰富的内涵，如果不做反思，很有可能南辕北辙或者似是而非。

下面以我做过的一个研究目录为例来看怎样在论文的四个递进的逻辑层次中展开阐述——

【案例5-2】选择和交往：差异教育的操作路径设计及实践（成果目录）[1]

一、问题的提出

（一）天长小学差异教育的历史脉络：从整体到差异的嬗变

（二）天长小学差异教育的现实观照：从差异到选择的嬗变

（三）天长小学差异教育的时代新使命："选择和交往"双导向实践

二、研究设计

（一）概念界定

    1. 差异教育

    2. 选择和交往

（二）研究目标

（三）理论阐释

    1. 学会选择：差异教育尊重生命潜能的逻辑起点

    2. 关注交往："镜像自我"引导本体性成长的差异教育实践

    3. 课程与教学：差异教育"选择和交往"全面实现的主渠道

（四）研究框架

    1. 管理的视角：教师管理为学生选择和交往取向提供可能性

---

[1] 本课题成果系教育部教育科学规划2009年度研究课题"基于差异的教育：现代学校的课程与教学研究"（编号FFB090681）成果之一。课题组长楼朝辉，副组长庞科军。研究报告由庞科军执笔。

2. 课程的视角：提供丰富的有利于学生选择和交往的载体

3. 教学的视角：每个学生课堂中的选择和交往路径

4. 评价的视角：建立保障充分选择和交往的素质评价系统

（五）研究方法和过程

三、操作路径设计：关注选择和交往

（一）设计理念

1. 基于激发生命潜能

2. 基于社会性交往

3. 基于班级授课制

（二）设计原则

（三）路径选择

1. 课程：满足儿童选择和交往的平台建构

2. 教学：实现儿童选择和交往的课堂变革

3. 评价：激励儿童选择和交往的多元载体

4. 教师：引领儿童选择和交往的关键保障

四、实践探索

（一）课程多样化：为满足儿童选择和交往构建平台

1. 大小课·学习站·肢体语言：国家课程的多样化实施

2. PBL学习·我和西湖：地方课程的多维度建设

3. 两级课程·我的实验室：校本课程多元选择新模式

4. 跨班交流·微型课程：选择和交往视野下的课程新形态

（二）课堂教学实践基本运行：展示丰富差异的选择和社会交往

1. 随堂卡·问题域·KWL策略：适应不同学生选择和交往的教学设计

2. 认知风格·天长理答：关注课堂教学选择和社会性交往的实践

（三）评价实践基本运行：从学力到学习

1. 阳光男孩·海选干部·学习状态研究：选择和交往起点的丰富性评价

2. 天长券·珍藏天长·自主春游·学习之旅：选择和交往的程

序公平性评价

3. 一分钟笔记·奖励申请·墙壁说话：选择和交往的终结多元性评价

（四）教师管理实践基本运行：从"被选择"到"自主导向"

1. 专题研讨会·问题交流会·实践诊断会：寻找教师差异发展的突破

2. 项目申报·团队招募·机制改进：探索教师差异成长的保障

3. "即时性"办公室教研·天长报告：形成教师差异发展的追求

五、研究成效

（一）学生在选择和交往中获得有差异的发展

1. 学生的自我选择能力和交往能力得到提高

2. 培养学生良好的选择和交往品质

3. 学生具有较强的综合素养

（二）逐渐形成一支实践差异教育的教师队伍

1. 教师观念形态从认同到实践的变化

2. 实践差异教育的方式和能力提高

3. 专业研究能力提高

（三）基本形成具有鲜明特色的差异教育模式

1. 形成具有天长特色的基于差异发展观的课程体系

2. 探索差异管理促进教师的个性化成长途径

3. 学生学习评价关注起点和过程取得较大突破

（四）学校差异教育的研究获得广泛的认同

1. 基本形成学生、教师、学校"三位一体"的发展观

2. 学校差异教育研究辐射取得广泛影响

3. 学校社会满意率持续保持高位

结语：差异教育研究的问题和展望

从上面的目录中，我们可以非常清楚地看到，文章第一部分是解决为什么的问题，第二部分是解决是什么的问题，第三和第四部分是解决怎么

做的问题，第五部分是解决做的效果的问题。一般的科研成果都是按照这种逻辑顺序来写的，这种逻辑能使人完整地了解整个研究的情况。顺便说一下，随着很多研究成果的格式化，尤其是第一、第二和第五部分没有恰当的数据及良好的理论能针对性的支持，即这些数据、理论和该研究的匹配性关系没有得到很好的阐释，结果使文章出现了"八股"的倾向，但这主要是思考不足的问题，而不是表达逻辑的问题。

第三节　并列式梳理材料：平面的展开

前面一节讲了逻辑的建构，但其实一般的文章不是那么规范地回答这四个问题的，或者说，因为限于篇幅等原因，有的文章也可以回答两个问题，甚至于重点回答一个问题：我有哪些做法？即我是怎么做的。

一般我们最常见、最常用的是并列式；把我们做的事情做适当的归类，让读者大致清楚操作的路径。但并列式也是一种最容易出现问题的论文结构，比较常见的问题大概是这么几种：

一、章节内容差异太大

我们教师积累的资料往往容易有倾向性，尤其如果本身是无意识积累的话，到写文章的时候，就会发现自己积累的资料都是某一方面的资料，这样的并列式就出现了一个比较大的毛病，就是文章结构的差异太大，有的章节内容很丰富，有的章节很简单，文章或者头大，或者尾巴大；有一些文章因为是勉强写出来的，为了像篇论文，总要写那么三到四个方面的内容，不然总感觉单薄了一些，那就更加容易出现这样的情况。

【案例5-3】《"菜单式"作业的研究》的标题

趣味为先：前置性的"菜单式"个性化作业

分层为要：课堂中的"菜单式"个性化作业

实效为重：课后巩固"菜单式"个性化作业

粗粗一看，你会觉得这个结构还是挺不错的，三部分也比较清晰，但如果仔细一点看，或者再思考二级标题的话，我们可以非常清楚地发现，文章结构会出现不平衡。

一、趣味为先：前置性的"菜单式"个性化作业

1. 调查式作业

2. 故事式作业

3. 绘画式作业

二、分层为要：课堂中的"菜单式"个性化作业

1. 合作与独立

2. 抽象和形象

3. 操作与观察

三、实效为重：课后巩固"菜单式"个性化作业

1. 自助式作业

2. 实践式作业

3. 操作式作业

4. 游戏式作业

因为老师在课后作业的布置上积累了丰富的资料，因此，课后这一块，明显就比较丰富和具体，这一部分内容，就容易写得比较具体。而课前、课中的个性化作业，虽然也有一些实践，但相对来说就比较缺少，尤其是课中，因为班级授课制的限制和教学任务的原因，要开展个性化作业非常困难。这样，文章的结构虽然从这几个标题来看似乎也还不错，但从整体结构来看实际的文章，章节的差异性就太大了，第二章节就会显得比较单薄，甚至有可能和前后章节的内容有所重叠。这就是说，章节是看完整的结构，而不仅仅是标题的结构。

二、章节逻辑关系杂糅

章节内容上的差异，不管文章由谁来写，在写好后肯定能被发现，因为一看就能发现，有的章节内容很丰富，有的干巴巴的没几句话。

而如果是章节中的逻辑关系比较混乱，其中有太多包含的关系，或者是无法在同一个维度上展开叙述，那就不是能很快被发现的，因为逻辑是隐藏在结构后面的思维路径。尤其是自己看自己的文章，更不容易发现其中的问题。

📋 【5-4】《培养低年级学生倾听能力的策略》文章内容架构

一、根据学生的年龄特点优化教学内容与教学方式，吸引学生的注意力

二、调整座位、营造和谐人际关系，教师努力为学生创设优质的学习环境

三、积极引导，让学生了解倾听的重要性

四、家校密切配合，共同培养孩子的倾听习惯

五、教师以身作则，运用暗示、恰当评价，形成倾听氛围

六、充分运用学具，满足学生的好奇心

七、学法指导，让学生学会倾听

我们仔细一看，马上就会发现，上面的案例文章以7个策略来提升学生的倾听能力可能多了，从逻辑关系看，7个方面的策略很容易杂糅。譬如第二点和第五点，从内容上看，第五点是属于第二点的，因为教师营造的氛围是优质学习环境的重要组成部分，标题中的"营造和谐人际关系"肯定包含了师生关系。同理，第六点和第七点，也都属于第一点中的"优化教学内容和教学方式"，现在分成3点来写，内容上肯定会有重叠。因此，如果一篇文章的标题内容过于分散，那么就需要从逻辑结构上再做一些整理和思考，这样，才能写得更加清楚，看的人也才会更加明白。不然，自己都是东说一句西扯一句，看的人就更加糊涂了。

三、章节之间没有必然联系

文章不太好还有一个更加常见的原因，我们在写文章的时候容易敝帚自珍，把其实不相关的材料或者和勉强相关的材料写进去，其实影响了文章的质量。很多一线教师都有这个倾向。其原因主要有两个：一是因为我们对学生的教育是全面的、整体的，写成文章的时候，如果不做学理上的分析，就很容易"眉毛胡子一把抓"；二是原有的材料还不足以支撑一篇文章，只好拿一些其他的内容来作充实。我找到的一个资料里提到，在自然科学领域，全国每年大约有5000个左右的研究是重复的，自然科学领域的内容应较为清晰和容易区分，竟然每年还有这么多的重复，社会科学领域恐怕就更多了。很多教师其实只是在很短的时间内做了简单的实践，非要写成一篇结构完整的文章，确实有难处，这也是前一段时间流行案例研究的原因。但是我们也必须清楚，从案例研究到系统的研究，还是有一些距离，要发现规律性的东西，还是要进行系统的研究。

【案例5-5】《培养高年级学生语文自主学习能力》文章内容架构

一、创设有趣情境，激发自主学习动机
二、设定目标，培养学生目标意识
三、让学生在合作过程中主动学习
四、分层作业，自主选择，促进学生健康发展

我们从上面文章的标题中就可以发现，作者只是把自己所做的一些事情进行了整理，这些章节之间没有必然的联系，譬如文章题目中的核心是"自主学习能力"，但在文章架构中，我们看到的其实是"教师促进学生的学习"，主要是通过创设情境、设定目标、合作学习、分层作业四个方法，不是学生的"自主学习"；同时，标题一是"自主学习动机"，标题二是"目标意识"，标题三是"主动学习"，标题四是"自主选择"，我们分析，作者在思考这四个标题的时候，应该是想论述"自主学习"，但

显然只是把自己所做的一些事情都凑在了一篇文章中了。

下面我们来看，一般并列式论文是怎样展开的。（详见附件《学长制：差异教育视域下学生成长路径的探寻》）这篇文章中有3个标题，我们来看一下：

1. "朋辈学长"的顾问机制：让同年龄段学生之间实现差异互补
2. "小先生制"的辅导机制：让高段学生引领低段学生快速成长
3. "后喻学长"的影响机制：让低段学弟影响高段学长思维建构

在整理成文的时候，我就内容的结构也做过一些思考，关于"学长制"可以找到很多文章，主要都是从"学长制"中学长怎么施加影响这个维度来写的，而我们的实践则有三个维度，一个是普遍意义上的"学长"，一个是"朋辈"，一个其实是学弟学妹的反影响——为了呼应总标题，将其定义为"后喻学长"。这样，不仅突出了我们实践的特色，而且也从更广泛的意义上重新定义了"学长"的概念。

第四节　标题与内容要一致：总分式阐述

基本上所有的论文，都有总分的结构，因为按照常规来看，论文其实就是一般的议论文，就是提出论点，展开论述，得出结论。这里之所以单独论述总分的文章结构，是因为这种结构虽然常见，但也正因为常见，大家反而容易忽略。总分式结构的最大问题，可能出在文章的标题或者提出的论点上。

很多人也许是看了一些材料，听了一些讲座，了解了一些新观点、新想法，仔细一想，觉得自己做的好像也很不错，于是就大笔一挥写下文章。这样的文章，多半在文章的标题和正文的论述上不协同，有时候甚至相互矛盾。也许你从很多杂志中也能找出一些文章的问题，这些文章也许是一些"名家"所写，但确实没有经过比较周全的思考，有些甚至有很多漏洞。

标题一般都是文章的中心论点，但很多文章的标题和文中的内容其实是"两张皮"，这类情况的产生很多时候是因为我们的实践重心过低。我们实践的时候觉得有一点收获，但在写文章的时候，我们又希望写出一些新的东西来，想来想去，结果就偏离了我们原来想表达的核心内容，泛化了我们原来的概念。譬如下面一例：

📋 **【案例5-6】《一个"好动"学生的转化》文章主标题**

一、倾听学生的心声
二、教师适时的表扬
三、教育需要循循善诱
四、家庭教育不可或缺

上面是一位老师的一篇案例分析文章，作者总结了4条经验，但你看了以后，一定会说，这几条经验如果用来写《一个"懒惰"学生的转化》也是很合适的，这就是我们写文章时要注意的章节之间的关联。我仔细看了这篇文章中的描述，其实这位教师在这个同学身上，还真是用自己的实践解决了一些问题，但表达得不够准确，没有围绕学生"好动"的特点来写。我总结为两招，一招叫"以静制动"，一招叫"以动制动"。在这些做法中，我觉得就孩子的天性来讲，"以动制动"更有意思一些。通过对这种特色方法的介绍，就能使正文的叙述和主题相契合，然后标题也需要围绕"以动制动"来展开，如什么时候动：倾听学生的心声（不是什么心声都要写到这篇文章中的）；积极地互动：让孩子课堂动起来（动的频率高一些，难度低一些）；讲讲动的好处：教育要循循善诱（孩子一定听惯了不动的要求，说说动的好处和要求不是更好吗？）；家庭先动后静：家校协同不可缺（家里也是先活动好，再安静，要求要明确，要能做到）。这样，文章就梳理清楚了，同时，也有自己的特点。

第五节 实验数据和案例的收集：比较是比较好的办法[1]

在我们平时的学习中，有一种论文是很容易得到教师们的欢迎的，因此杂志上这样的论文会多一些，这些论文的题目中一般都会出现"改进策略"之类的字样，这属于操作性很强的一类文章，如果它提到的问题刚好是我们会遇到的，那我们一定会喜滋滋地读一读，学一学。

在具体的论述中，这类论文一般都是采用前后对照的方式来展开论述的，有的是先罗列一些问题，然后在后面的论述中一个一个提出解决的策略；有的是提出一个问题，接下去就提出自己改进的策略和思考。这样的文章是"完全指向于实践"的文章，因此受教师们的欢迎也就理所当然了。下面是我从网上用"策略改进"为关键词随机搜索到的一篇文章目录：

【案例5-7】小学科学活动中有效记录的策略改进[2]

一、科学活动记录低效现象分析
（一）记录要求模糊
（二）记录形式单一
（三）记录分工不明
（四）记录交流随意
（五）记录评价缺失

二、科学活动有效记录指导的优化策略
（一）做好科学记录前的自主准备
（二）丰富记录的表达形式与方法
（三）强调小组记录中的人人参与
（四）加强交流后的记录整理与完善
（五）增加记录完成后的评价跟进

---

[1] "比较是比较好的办法"转引自汪潮教授（浙江外国语学院）的讲座。

[2] http://www.doc88.com/p-779458125348.html

我们可以很清楚地发现，第一部分阐述了导致"小学科学活动中有效记录"低效的五种原因，文章第二部分则分别对应写了五个方面的改进策略："要求模糊"所以要"自主准备"；"形式单一"所以要"丰富记录"；"分工不明"所以要"人人参与"；"交流随意"所以要"完善整理"，"评价缺失"所以要"评价跟进"。这是一篇典型的对照式论文。如果作者在后面再根据自身的实践加上"科学活动有效记录的思考"，那么文章就更完整，对别人的启发和借鉴意义也会更全面。

从老师们的日常工作来看，这样的文章也是很适合写的。

因为我们平时遇到的最常见的事件就是这些：今天上了一节课文，有了一些改进，效果到底是好了还是差了？今天举行了一个活动，学生的反应和往常是不一样的，好像大家都很积极，是否有什么原因？今天和家长聊了一下，才知道这个事情原来是这样的……在这些发现的基础上，我们如果再有意识地加以实践，这样的例子积累得多了，就某一方面就可以写成一篇对照式的论文。

在实践中思考，总结出一些我们自己认同的理论，在学习中验证这些理论的科学性，在实践中再次确认其有效性，从而真正形成自己的思考和操作体系，这就是教师日常的研究路径。所以，教师平时可多做这方面的积累，尤其是要养成"写下来"的习惯，每天的日常工作结束后，用10分钟时间，把今天感触深的事件记录一下，"好记性不如烂笔头"，时间长了，这些记录的资料就成了宝贵的"资源"。

第六节　写不下去怎么办

当然，我们也有可能遇到根本写不下去的情况，这时该怎么办呢？我们来听一个故事。据说有一次杨振宁先生去讲学，结束的时候上来一位母亲，想请杨振宁帮助指导她的儿子。杨先生问了一个问题："你的儿子喜欢物理吗？"这个母亲一脸愕然，当然是不喜欢了，喜欢我还来找你啊？杨先生请她再次确认她的儿子是否喜欢物理。这个母亲非常明确地说不喜欢。杨先生就给出了一个十分直接的回答："那我建议你不要让你儿子学物理了！"

在研究文章写作的过程中，也有可能会写到一半写不下去。写不下去的主要原因是准备不足，或者是前提的材料准备不足，"为赋新词强说愁"，或者是对材料内容的梳理不足，或者是文章结构的逻辑不足，而应对每一类不足的方法是不一样的。

下面我们一起来看怎么解决在文章写作的不同阶段遇到的问题。

1. 论文写作前的准备不足导致文章写不下去怎么办？

写文章的时候，发现材料不足，这个确实是头疼的问题。因为一线老师的工作本来就是千头万绪，到要写的时候，却是材料不足，真是惭愧！但这样的情况确实是很容易发生的，让教师说个5到10分钟他会觉得是件简单的事情，但让他写个文章他就觉得是件烦琐的事情。因为说的时候会有交流，相对来说逻辑不用非常严密，听的人对文字会自然进行再组织。M. 希尔伯曼的一项教育心理学研究发现，不同的教学方式产生的教学效果是大不相同的，学生对所教内容的平均回忆率为——教师讲授：5%；学生阅读：10%；视听并用：20%；教师演示：30%；学生讨论：50%；学生实践：70%；学生教别人：95%。[1]而我想从这个理论中得到一个结论，就是让你讲的时候你会感到轻松是因为每个人只记住5%，因此相对来说精确度是不足的；而写就不一样了，你写了一半，写不下去，就只能搁在那里了。

应对这样的情况有两个对策，如果缺少的材料是可以很快补充的，那就补充。譬如我做一项研究，但不知道别的学校的情况，那就可以赶紧去补充一下材料，材料有了，就继续往下写。

但如果材料不足，也补不上来，怎么办？

等待。

我在实践中也经常遇到这样的问题，所以我的文件夹中有好多的"半成

---

[1] M. 希尔伯曼. 积极学习：101种有效教学策略[M]. 陆怡如，译. 上海：华东师范大学出版社，2005.

品"，等待材料充足以后再完成。因为文章本来就不是说来就来的，不是每篇文章都能很顺利地一次性写完。写不完的，可以就作为素材留存在那里，等待下次材料完备了再写。也许因为材料无法补充，导致很长时间都不能动笔，现成的材料浪费了，那也没关系。或者，我们可以把这些材料从另外的角度加以使用，这是对材料的"救活"。

下面我以自己的一篇文章为例，看还缺少什么内容，我需要怎么做。

【案例5-8】一篇未完成的文章

诠释学视野中学生语言细读

在《小学语文教师》二百期纪念大会上，王崧舟老师在上公开课《一夜的工作》一课时说："周总理啊，他把五千年的苦难，都埋藏在自己心里，你理解吗？"学生说："我理解，有一次我看到一个资料，说周总理的理发师在给周总理理发的时候，不小心一下子把周总理的脸划破了，周总理一声都不吭啊，这就是把五千年的苦难都埋在心里。"老师们听了哈哈大笑。但王老师没笑，他说："对，这就是你眼中的苦难。"是啊，对于孩子来说，刀一下划破了脸就是苦难，这就是儿童的视角，儿童不是缩小了的成年人，而是有自己独立的眼光和世界。不能把儿童等同于成年人。所以要当好老师，首先要有儿童的观察眼光，对很多东西不要强求理解。辛弃疾曾讲道：少年不识愁滋味，为赋新词强说愁。年轻时候我不知道愁，为了写诗，我愁啊愁，郁闷郁闷。"而今识尽愁滋味，欲说还休，欲说还休。却道天凉好个秋。"如今，我知道愁滋味了，想要说却不说了，罢了，天气凉了，秋天到了。语文的学习要给时间，要给耐心。我们小学阶段的工作是启蒙、启发、积累，有好多东西不必强求理解。比如："问君能有几多愁，恰似一江春水向东流。"要小朋友来理解，一年级的孩子他会这样来理解：我今天作业错了两道题，我少得了两分，少得了一朵小红花，问我能有几多愁，恰似一江春水向东流；到了小学高年级，他语文考得不合格，回家爸爸要揍他，问我能有多愁，恰似一江春水向东流；到了少年时期要谈恋爱了，失恋了，问我能有几多愁，恰似一江春水向东流……每一个阶段，有每一个阶段的愁。

例1：《乡下人家》2010年12月5日

师：大丽菊。

生：大理菊。

师：正音，再读。

生：大理菊（还有几个人读第三声）。

师（纳闷）："丽"没有第三声的读音。

大丽菊，拉丁文名"ahlia pinnata"，大丽菊别名大丽花、大理菊，为菊科，大丽菊属，多年生草本花卉。

诠释学的基本概念，迷你课程的概念

学生解读错误的类型分析

学生生活经验的缺乏

学生背景知识的缺乏

学生对语意的敏感缺乏

教师应对学生错误的策略

联系生活的补充

背景材料的提供

例2：《富饶的西沙群岛》2010年11月24日

自读课文

出示：读了课文，你有什么感受？

生：美丽。

师：具体读了几句？

生：海滩特别漂亮……

师：非常美丽，非常富饶……下面我们要来看看字词。

小组读：富饶，岛屿，山崖，威武，产卵……

学生小老师读。

学生读。

师：海水美在哪里？

生：五光十色。

师：都有什么颜色呢？

生：蓝色……

生：不光是……（读课文中的句子）

师：分析得很好，很有逻辑。

一起读：西沙群岛一带海水五光十色，瑰丽无比：有深蓝的……

出示：西沙群岛的海水为什么会这么美？请用"因为……所以……"
来说一说。

学生说，2人说。

一起来说一说。

师：海水下面有什么生物呢？圈出4种海底生物。

学生自读。

出示：海底的岩石……样子挺威武。

师：你喜欢哪种动物？为什么？

生：很酷。

生：很威武（书写"威"）。

生：喜欢珊瑚，用了比喻句。

生：喜欢海参，蠕动和懒洋洋的样子看起来很美丽。

师：我同意你的观点啊，懒也是很容易写错的（教师板书）。

学生写。

学"鱼"。

投影播放鱼成群结队地在珊瑚丛中穿来穿去。

师：你喜欢哪种鱼？

生：河豚鱼。

师：帮你纠正一下，是刺豚。

生：飘飘摇摇。

生：布满彩色的条纹……

生：我喜欢有的头上长着一簇"红缨"。

师读头尾，学生读中间的4句描写。

师：可多了，不光是这4种。

师：你也选一种海鱼，照着课文的样子写一写。

学生写。

学生交流，指名回答。

请4个同学写4条小鱼，其他同学读头、尾。

有一天我在读《诠释学》的时候，想到大家都正在研究"文本细读"，就突然想出了"诠释学视野中学生语言细读"这个题目（这显然是一种交叉思维，在前面第二章中讲过），而且我开始有意识地收集材料，也收集到了一些案例，写了自己的一些思路（请注意中间的标题），但后来没有再深入下去，主要的原因是，我原来的写作意图是用"诠释学"的理论来解读学生的语言，看学生语言背后的知识储备起着多少影响，但后来我发现"诠释学"的范畴太广，涉及了学生生活的方方面面，对此我觉得暂时还无法有很好的理解。

2. 论文写作中的材料梳理不足导致文章写不下去怎么办？

除了材料不足的原因外，对材料的梳理不足也是老师们文章写作的"拦路虎"，而且恐怕还是很重要的"拦路虎"。很多老师都有丰富的经验和材料，但一旦要写文章，又不太有好文章拿得出手。处在这个阶段的老师，主要要解决的是文章材料梳理的问题。

很多老师收集好材料，处理好数据，制备好图表，完成统计处理，但要写文章还是觉得困难，这个时候，我觉得有两个办法可能会使你豁然开朗：

一是看其他文章的结构。如果你要写一篇"教学策略"的文章，可以先看看其他人写的关于"教学策略"的文章，甚至是不同学科的"教学策略"的文章，以便你能够吸取文章结构上的一些启发，然后打好论文腹稿，列出论文提纲，明确基本观点和主要结论。深思熟虑后，一气呵成。其中"打腹稿"是写论文的关键阶段。这时应将自己所有工作和实践通盘考虑，以一种清晰的结构呈现出来。结构的清楚程度说明你对问题的思考程度，所以很多人买书的时候都是先看目录，看了目录，这位作者的水平基本也就清楚了！

二是请教专家。材料梳理上的问题，请教相关的专家是最好的办法，所以科研成果有一个专家的论证过程，其实主要就是看实践的成果哪些是有意义的。首先，专家的视野比我们宽广，他们知道文章的表达哪些是要重点展开的，哪些是可以省略的。其次，专家对文本结构的把握能力比我们强。这两个问题专家帮助我们解决了，材料梳理的问题其实就解决了。当然，专家也是就自己的理解提出想法，不同的专家有时候也会有不同的意见，最后还是要靠自己的理解来把握。在请教专家的时候，自己要对所论观点提出意见，毕竟你对自己的工作有过长期实践和思考，在此基础上逐渐形成了观点。你可以对专家的意见进行解释，并保留自己的观点。但有时，论文作者自己局处一隅，可能会越来越钻牛角尖。而专家从更高的角度宏观审视，能一针见血地指出论文立论和观点中的问题。

第七节　怎样进行理论的引用

教师在写论文的时候，还有一个比较纠结的问题，就是怎样引用理论的问题，没有理论引用，总感觉文章不上档次，其实这一种想法是没有必要的，因为对于一线的教师来说，文章的质量好坏，主要是看有没有提供具体的实践指导和分析，而是否具有理论意义恐怕不应该是主要的关注点。

但是，理论的引用是必要的。理论的引用告诉读者你对这个领域的基本了解有哪些，对哪些专家的著作进行了学习和思考。结合我们日常的一些文章，我们经常发现的问题是：大家都找那几个"放之四海而皆准"的理论，什么人本主义，什么多元理论，不管三七二十一套上去，显得比较空泛；或者找了一大堆理论，看看都沾点边，就都放在一起，结果都不到位。理论的引用主要有三种：

一、原文引用

这个方法我们一定知道，就是把那些教育家、专家学者的话直接用在文章的适当的地方，便于加强阐述问题的权威性。这类引用需要查找原文，并在文章中用脚注表明。

这类引用的最大缺憾在于，我们并不能看到相关理论的全貌，只是摘录了其中和自己论文最相关的材料，其含义有时会与原意有比较大的出入，就是说，我们的引用是在具体的环境中的应用，被引用的理论可能会"水土不服"；或者我们引用的意思并不是作者要表达的核心意思；也有一些引用有"断章取义"的嫌疑。

📋 【案例5-9】《品鉴式阅读：古典文学作品中语言教学的研究》中原文引用样例[1]

品鉴式阅读：古典文学作品中语言教学的研究

杭州市天长小学　庞科军

浙师大王尚文教授在《语文教育学导论》中说："从文化人类学的角度看，人就是'语言的动物'（卢梭）、'符号的动物'（卡西尔）。人、社会、语言三位一体，不可分离。……马克思、恩格斯写道：'……精神从一开始就很倒霉，注定要受物质的'纠缠'，物质在这里表现为震动着的空气层、声音，简言之，即语言……"

王教授的观点无疑是：汉语素养主要是"文"的素养。从他所著的

---

[1] 本文曾获2008年度浙江省优秀教科研论文评选二等奖。

《走进语文教学之门》中能够找到更有说服力的比较："与音声相比，书写无疑是一种更高的文化。""书写捕捉住了流动的思维和言语。"

二、综合引用

综合引用就是引用这一领域多位专家的话，便于读者了解这一领域，也能使读者相对客观地知道不同专家的见解。做过省市课题的老师对此一定不会陌生，这其实就是"理论综述"。理论综述的写法主要是罗列式，就是把不同专家的观点陈列出来。这种方法在人数比较少的情况下适用，人数一多，难免使人看了厌烦，因此要"分类重组"。但这一种方法对写作者的要求相对较高，因为在综合引用前，你需要对这个领域做比较充分的检索，并做一些分类摘录。当然，还有两种比较"投机取巧"的办法，一是在写文章前找一些文摘类的报纸进行阅读和专题收集，如《教育文摘周报》就是其中之一，这份由中央教科所主编的报纸信息量非常大，一般你阅读过半年的报纸后，就可以对一个专题有一些了解；二是在写论文前，突击用一些时间，找很多相关的杂志和书籍看，做一些复印、摘抄工作。这个"笨"功夫看似简单，但其实摘抄也是一门学问，里面有很多提示，做过几次后，就慢慢上手了。

【案例5-10】《小学语文阅读"认知背景"差异类型及对策》[1]

小学语文阅读"认知背景"差异类型及对策

杭州市天长小学　庞科军

约翰·泰勒·盖托在《上学真的有用吗？》一书中说："教育从来不只是传授专科知识，它总是在丰富的背景下认识事物。"

奥苏伯尔也说："假如让我把全部教育心理学仅仅归结于一条原理的

---

[1] 本文曾发表在《小学语文教师》2011年第3期。

话，那么，我将一言以蔽之曰：影响学习的唯一重要因素，就是学习者知道了什么。"在小学语文阅读教学中，教师必须深入到学生的现实生活和心理生活中去，设法清楚学生对教学内容的各种认知背景，倾听学生对教学内容的看法，洞察这些看法与理解的由来，从而提供各种学习机会和"脚手架"，促进学生的学习。

三、意义引用

　　写得好的文章多是"深入浅出"，其中"浅出"最关键的就是要求写作者对文中的内涵有自己的领悟和运用。尤其是实践性比较强的文章。在这种情况下，作者很少再引用专家的论述，因为在这类实践开始前，他们一定已经长时间阅读了相关专家的文章，专家们的见解已经融合在他们整合实验的过程中了。甚至可以说，这一类的文章，本身已经具有了"理论创新"的可能性，自然不再反复论述说：我这是在什么理论指导下的实践了。还有一种可能，就是整篇文章都是对某一理论的实践性诠释，因为理论的观点已经"融化"在整篇文章中了，自然不需要都标注出来。

附录1：

本章拓展阅读书目

[1] 威廉·维尔斯曼. 教育研究方法导论[M]. 袁振国，译. 北京：教育科学出版社，2003.

[2] 刘良华. 叙事教育学[M]. 上海：华东师范大学出版社，2012.

[3] C·赖特·米尔斯. 社会学的想像力[M]. 北京：生活·读书·新知三联书店，2012.

[4] 辜鸿铭. 中国人的精神[M]. 上海：上海三联书店，2010.

[5] 爱德华·休姆斯. 美国最好的中学是怎样的[M]. 北京：中国青年出版社，2009.

[6] 张定璋，刘力. 教育实验的理论探讨和实践[M]. 海口：南海出版公司，1990.

[7] 巴班斯基. 论教学过程最优化[M]. 北京：教育科学出版社，2001.

附录2：

学长制：差异教育视域下学生成长路径的探寻[1]

在学生成长过程中，作为教育者，最大的困难在于和孩子一起寻找适合他成长的路径，所以很多人都说要"走进学生的心灵"，但是，现实中的"班主任管理"是一种垂直的管理模式，教师面对个性差异很大的学生群体，在实践中不可能在班级授课制的前提下实现"个性化教育"；同时，教师的年龄和生活经历等各种因素，又限制着教师走进儿童真实的心灵世界，这就给学生成长的领域留下了一个真空地带——学生之间的横向学习和交流。

天长小学从20世纪末就开始探寻"你就是你，我就是我"的"差异教育"价值观。在学生成长的领域，我们根据学生差异发展的真实需求，提出"学长制"的教育实施路径。"学长制"是以西方及港澳台地区盛行的"学长帮扶学弟"快速融入学校生活的机制为参照，建立以天长小学为场域，以学生的同辈为学习资源，以展示各自差异为纽带，从而形成一种多元的、立体的、可持续性的交往性教育。

天长一直认同，最好的教育是润物细无声的。苏霍姆林斯基在《给教师的一百条建议》的结尾，给我们提的最后一条建议是"保密"，他认为，最好的教育，其教育目的应该尽可能隐藏起来。苏霍姆林斯基这样写道："学生了解教育、懂得教育，一般说来是有害而无益的。这是因为，在自然而然的气氛中对学生施加影响，是使这种影响产生高度效果的条件之一。换句话说，学生不必在每一个具体情况下知道教师是在教育他，教育目的要隐藏在友好的、无拘无束的相互关系气氛中……我坚信，把自己的教育意图隐藏起来，是教育艺术十分重要的因素之一。"而"学长制"就天然具有和学生生活融合的优势。"学长制"在学生的校园公共生活中进行，充分尊重每一个学生的发展，在公共生活相对"生态化"的生活形

---

[1] 本文获浙江省德育论文评比一等奖，发表于《中小学德育》2013年第7期。

态中，学生得以互相交流，自我成长。几年的实践证明，重视学生的个性特征，将不同学生的差异个性作为学校教育的一种宝贵的资源，通过学生之间的交往性活动，实现学生群体之间平等的自主管理，实现学生自主发展，是促进学生成长的一条切实可行的途径。

一、"朋辈学长"的顾问机制：让同年龄段学生之间实现差异互补

几乎每个人都有自己的优势方面，但优势的范畴和性质往往呈现出巨大的差异：有的人擅长于语言表达，有的人擅长于逻辑推理，有的人擅长于分工合作，有的人擅长于全盘驾驭……这些差异没有优劣好坏之分，更没有高低长短之别。所以说，学生间存在差异性是正常的，它不应该成为教育上的负担，相反，这是一种宝贵的资源。那么如何看待这些差异？如何利用这些差异生成的宝贵资源？这往往取决于我们对学生的理解和对教育本质的把握。天长小学正视并抓住了学生间差异这一资源，鼓励各班级、各社团组织建立"朋辈学长"的顾问机制，让朋友、同辈之间进行优势互助互补，最终促进每个学生都能全面发展。

楼鸿烨是今年开春从北京一所英国人办的国际学校转来的，中文基础不好但却擅长体育竞技；而徐睿杰则是一个学习成绩非常优秀、擅长于语文表达但不擅长于体育运动的学生。如何让他们实现优势互补呢？我们利用"朋辈学长"的顾问机制让他们成为共同进步的成长体。当楼鸿烨碰到问题想不出来，就会去问学习顾问徐睿杰，当徐睿杰在体育运动过程中碰到难题时，就去请教楼鸿烨，从而实现了两者的互助互补，促进了他们共同进步。

"十分讲坛"是学校大队部为学生打造的一个类似"百家讲坛"的栏目，每期十分钟。一些班级将"十分论坛"作为午间谈话类的"微型课程"，经过几年的实践，这种论坛为学生的差异发展求得了各种可能。一时间，"美滋美味"、"黄家植物园"、"小杜动物园"、"纸上谈兵"、"世界未解之谜"、"历史望远镜"、"一周新闻播报"、"元素大爆炸"、"今日传奇"、"急诊医务室"……共计二十余个专题讲坛相

继开讲，历史、地理、武器、美食……真是包罗万象，班级里的同学在展示自己的长处的时候，也从别的同学那里得到很多教益。

周洪宇教授在接受《中国教育报》采访时表示：第三次工业革命需要教育强调社会情绪能力，社会情绪能力是指对自己情绪的认知和控制，与他人一起工作的互动、理解、合作和综合解决问题的能力。而学生的这些能力的形成，有赖于学校教育中的引领和实践，让每一个学生展示自己的所长，互相分享体验，这些实践的活动机制和实施的独特价值就在于为学生提供了体验和实践的平台。

"朋辈学长"的顾问机制最大化地运用了学生间的差异资源，促成同学之间的团结协作与优势互补，给每个学生都铺一座桥，让"各得其所"成为现实，让每个学生都有所学，学有所得，得有所长。

二、"小先生制"的辅导机制：让高段学生引领低段学生快速成长

著名神经心理学家吉尔科默·里左拉弟发现，人的大脑中存在着一种特殊的神经元——镜像神经元，它所担负的功能是"追求与他人的一致性"。通过对一个月大的婴儿、猴子等有关模仿性的大量的实验研究，他指出："镜像神经元的存在显示了我们对他人在我们周围环境中的所作所为会建立一种生物学反应。无论一个人把自己想象为多么完全独立而分割的个体，实际上每一个人都注定了更要模仿别人，每一个人所学到的一切都在一种社会关系和我们所身处的群体中不断被点缀、丰富。"

"小先生制"是陶行知开创的小孩教小孩的一种教育组织形式。由于学生在一起朝夕相处，语言、心理比较接近，相互之间更容易沟通，也更容易接受，故而这种教育形式有时能取得比较好的效果，在现行的班级授课制下也更容易实现教育对象的广泛性和教育机会的最大化。同时，这种教育形式不仅教学反馈快，而且在激发学生学习动机、促进教学的双向有效性方面更有着不可替代的优势。

为了帮助新入学的小朋友快速融入校园生活，也为了让他们快速、有效地掌握汉语拼音的正确读音及拼读规则，我们建立了五年级学生帮助一

年级学生的辅导体系，让五年级学生每天中午帮助一年级学生认读汉语拼音。由于有了五年级学长的帮助，不到两个月，一年级的学弟学妹们就轻松掌握了汉语拼音的正确读音及拼读规则。这些学弟学妹们不仅收获了汉字拼音知识，更重要的是收获了如何与学长相处的能力与自信。

中队改选正式岗位竞选之前，我们鼓励孩子自己制作宣传海报。在海报的最后设立一栏：嘉宾推荐。鼓励孩子寻找学校中自己觉得是榜样的人，请他（她）来对自己的岗位竞选写几句话。为什么在小学的低段，要让孩子自己寻找学校中的榜样？这些榜样代表着什么？……这些学长是学生希望、美好的寄托。所以，在某种意义上，这既是寻找学生当下心目中的楷模，也是在培养学生个人价值观的取向。

游园活动是学生十分喜欢的形式，操作也相对简单，为很多学校所采用。但天长在进行游园活动时，为学生增加了选择和交往的可能。在奖项的设置上，我们把学生寻找自己的学长并一起协作完成的项目的分数设置成最高的，这样，学生寻找伙伴"加盟"的热情就高涨起来，向别人学习自然也成为一种美好的体验，更加丰富了活动的意义。

"小先生制"的推动在城市教育中，还有一个很大的功用，就是它弥补了"独生子女"时代学生们兄弟姐妹概念的缺失，从而促进他们与同龄人之间比较亲密的交往，而兄弟姐妹般的交往，不论是对高段学生的责任心培养，还是低段学生的榜样认同，都具有积极的意义。

三、"后喻学长"的影响机制：让低段学弟影响高段学长思维建构

世界上很多杰出的大师，都是借鉴儿童的思维而取得成功的。据说巴黎罗浮宫前的玻璃金字塔建筑正是贝聿铭根据儿童玩具金字塔而形成的灵感；环形立交桥的设计构想就是以小学生的环形设计为蓝本形成的……每个儿童都有着与众不同的思维，这些具有原创性和特质化的思维往往会影响着学哥学姐们乃至成人的思维建构。为此，我们天长小学也不失时机地抓住并利用学生思维的原创性和特质化这一特点来完善"学长制"的内涵，建立"后喻学长"的影响模式，让低段学弟影响高

段学长的思维建构。

　　"跨班交流"在展示中体现学生的不同风采，尤其是低段学生与高段年级的交流，不仅让低段学生获得交往体验和自信，而且高段学生也可以从学弟学妹们身上寻找自己的学习灵感，获得启迪和成长。最近两年，各班的跨班交流活动蓬勃开展，如2011寒假结束后，学校就进行了"跨班"特色"年俗秀"展示。跨班展示活动为学生创造了更多的交流和展示机会，学生的自信、大方正是在一系列这样的活动中逐渐生成的。

　　"自主春游"是学校的品牌活动。2010年开始，四年级学生与二年级学生随机组队，以5到8人为小组，自主分工，自主合作，按照学校制定的路线，步行15公里到达目的地。从筹备春游到总结春游，自始至终，教师都不参与，家长也只作为旁观者一同前往。"没想到我们的孩子这么能干！"一位家长在春游结束之后这么说。"没想到小同学这么厉害！"一位四年级同学这样说。如何学会分担责任，如何学会互助合作，如何学会解决问题，如何学会克服困难，成了高低年级学生的共同课题。在整个活动过程中，二年级学生的很多想法恰好弥补了四年级同学思考的不足，使四年级同学的安排更为周密，组织更为合理。

　　学生的交往具有独特的意义，学校的本质随着知识经济时代的到来，越来越具有从以"知识传授"为重点向促进"人际交往"演进的倾向。不同年龄段的交往具有"社会交往"的意义，学生在这些真实的交往中学会协商、学会领导、学会合作，这就是"学长制"机制的生命力所在。

　　在推进和研究"学长制"的过程中，我们发现，"学长制"是一种催化剂，可以更大程度地激发学生的参与热情。"学长制"的推行，使学生们有了更多的选择和展示的可能：有了趣味相投的团队、有了共同探求的话题……故而产生了前所未有的学习激情。"学长制"也是一种黏合剂，可以更大效益地促进资源的整合。"学长制"像一个自由市场，让学生们根据自身需要和兴趣爱好，自由地选择、参与不同的"学长组合"，在交往中找到自己的朋友，从而弥补了现有教育制度下资源分配的不足。"学长制"还是一种渗透剂，可以更大效能地优化个性的深层发展。学长制的推行，为学生们的自由发展提供了土壤，在这个过程中，同学们利用学长们的优势，快速地汲取自己所需要的营养，学长们也会发现自己的不足之处，从而加倍努力，这样他们就形成了一个自由发展、相互影响、相互激励、相互补充的生态体系，并不断促进他们朝着最优的方向发展。

黎明的清风有秘密要告诉你

别又睡着了

你必须问你真正想要的是什么

别又睡着了

人们来来回回跨过门槛

那是两个世界交会之处

圆圆的门是开敞的

别又睡着了

——[波斯]加拉路汀

第六章　可能促进教师研究的机制探讨

　　制度是学校工作的基础，具有引领性和导向性，重建制度的目的，一是为了学生的发展，二是为了教师的专业发展。因此，制度的重建目标着重指向现有教学理论的实践性验证研究。这样既可解决一线教师缺乏专业理论的难题，又能将理论与实践有机结合，解决目前存在的大部分教学理论研究成果被束之高阁的问题。斯腾豪斯谈道："如果没有得到教师对研究成果的检验，那么就很难看到如何改进教学，或如何能够满足课程规划。"学校在制度重建的过程中，十分关注寻找教师发展的"蓝海"，为每一位教师的成长做出制度改进。制度重建的核心是转变教师的发展方式，把重点放在基于解决教师教育教学工作中的问题上。我们认为，在教育教学工作中，每位教师面对不同的学生，面对不同的教学任务，随时随地都有新的问题产生，这些问题就是教育教学工作的原点，有待教师去思考，去解决。在问题的解决过程中，教师也就发展了，教师的专业水准也就得到了提升。正如医生是在不断解决疑难病症的实践过程中提高自己的专业水平一样，教师的专业水平也一定是在解决问题的过程中提高的。

第一节　浸润式培训：寻找每位老师的兴趣点

天长小学为了鼓励教师的专业发展，相继提出"教育硕士进修资助计划"、"英语水平提升资助计划"，"五阶段获奖教师专业发展个人规划活动"、"天长导师"制度、学校科研成果出版资助计划、教育教学成果奖励细则等。因为教师工作的成果具有不可完全监控性和不可完全测量性，各项目的设置均注重从教师实际出发，能量化的部分采用学分的形式，不能量化的部分采用知情人"模糊"整体判断的方式进行评价。这些制度的制定和改进，能有效激发教师参与专业成长的积极性，在成就自己的时候成就学校的发展。

陈老师在2011年暑假后期，联合学校的几位语文教师筹备研发学校三、四年级的语文校本教材。从最初的设想，到几番讨论，请教专家，并昼夜奋战，几易其稿，终于研发出了厚达百页的校本教材。在进行研发时，老师们动足了脑筋，但他们很快发现其中的问题：其一，研发时间不够充分；其二，校本教材的目的性不够明确；其三，与现今老师与家长的需求还有距离。

于是，陈老师转而思考这样一个问题：怎样的校本教材才是实用的，才是大家想用的？

当时她的儿子刚读一年级。开学了，她带儿子去超市买餐巾纸等用品，叫他拿到学校去。第二天她儿子很高兴地说："老师表扬我了！说我关心集体。"从此，班里的事，他总是很上心。她的丈夫感叹道："原来还可以这样做的啊，还好家里有个老师！"过了几天，学校读书节要做书签，她三下五除二就做成功了。儿子拿到学校后，又受到了表扬。于是，她的丈夫再一次感叹："家里有个老师真好！"

是啊，这些事情，不是老师的新生家长知道吗？都不知道。

如果我们的校本教材，能告诉家长开学初要对孩子进行哪些教育，如何让孩子尽快参与到集体生活中去；如果我们的校本教材，能够面向家长，告诉他做书签的简便方法与材料的选择；如果我们的校本教材，能够告诉家长到了文具市场，该为孩子选择怎样的文具，不同的年龄段的孩子到了书店应该选择怎样的书籍；如果我们的校本教材，能告诉家长到了超市，如何与孩子一起进行数学思维的培养；如果我们的校本教材，能告诉父母到了节假日，怎样教会孩子在户外活动中自我保护；如果我们的校本教材，能帮助解决诸如一年级的孩子不认识校长、不认识办公室、不认识厕所等问题；如果我们的校本教材，第一页上有指示图，有全校老师的照片，让孩子知道做什么事时，该找哪位老师，问什么有趣的问题时，该找哪位老师；如果我们的校本教材，能告诉没有作业的一年级孩子，回到家该怎样安排时间，可以阅读哪些书籍，遇到问题该找谁解答……这样的教材，不仅孩子们会视若珍宝（当然，一年级的校本教材，最适合做成电脑动画互动的形式），即使作为家长，也会很愿意看，很想看，而且也会视若珍宝。

学校根据陈老师的建议，很快成立了项目组，由陈老师任组长，由学校学生发展中心、家庭教育指导站的人员参与，并且很快在一年级家长中进行了需求、困惑的调查，召开了家长座谈会，收集了很多信息。很快，一本汇集了集体智慧的"家校联系本"出现在了我们的面前。

📋 **【案例6-1】一个浸润式培训的计划**

课程名称	教师兴趣导向的浸润式培训			
组班教师	庞科军		培训对象	全体教师
模块编号		总学时 38	总授课次数	19
教学时间	3月5日至6月25日		活动地点	学校多功能室

培训目的与基本要求：

教师培训是为了什么？改进自身的教育实践。因此，必须把教育实践的改进作为教师培训的出发点，提升教师培训的效能，必须使每位教师积极参与培训，本学期的培训正是基于这样的假设，在继承原来传统的基础上，做一些改进。主要改进是形成以兴趣为纽带的研究小组，小组的人数控制在6人以内；小组研究注重每位老师的参与，每次召集按照姓氏笔画为序；研究的核心问题是"差异教育的理论和实践"。

课程内容简介：

第一阶段（1—2周）：主要确认自我的兴趣倾向和团队成员组成，团队成员原则上选择异质，以研究倾向为核心；

第二阶段（3—6周）：主要在团队内形成自我报告，对自己的研究原点和实践做梳理，要在原有基础上有突破，为一学年的对外支教和对外接待做好准备；

第三阶段（7—11周）：主要了解自己感兴趣的领域的发展趋势，为进一步提升自我研究做准备；

第四阶段（12—15周）：主要是对各项目组的研究方案进行介绍，在交流中提升自我；

第五阶段（16—20周）：介绍为完成研究阅读的专业书籍，为自己的实践修正提供支撑，为下个学期的研究开展提供新思路，为省市课题申报做好准备。

推荐教材或参考书：

《大数据时代》 维克托·迈尔·舍恩伯格 浙江人民出版社

《班主任，可以做得这么有滋味》 郑英 教育科学出版社

《致青年教师》 吴非 教育科学出版社

《教育研究方法专题与案例》 刘良华 华东师范大学出版社

……

主要课程内容和学时的分配安排			
课程内容	授课 学时/次数	任课教师	所在单位 联系方式
浸润式培训：研究培训需求征询	2课时/次	庞科军	本校（下同）
天长报告：教育的细节（1）	2课时/次	王林慧	
浸润式培训：各子项目团队组建	2课时/次	庞科军	
浸润式培训：研究起点介绍（1）	2课时/次	华丽英	
浸润式培训：研究起点介绍（2）	2课时/次	马迎春	
天长报告：教育的细节（2）	2课时/次	钟　玲	
浸润式培训：研究起点介绍（3）	2课时/次	赵　叶	
浸润式培训：研究趋势报告（1）	2课时/次	张伊伊	
浸润式培训：研究趋势报告（1）	2课时/次	高　丹	
天长报告：教育的细节（3）	2课时/次	许立瑾	
浸润式培训：研究计划报告（1）	2课时/次	沈美莲	
浸润式培训：研究计划报告（2）	2课时/次	张月圆	
浸润式培训：研究计划报告（3）	2课时/次	丁　琳	
天长报告：教育的细节（4）	2课时/次	邹　燕	
浸润式培训：专题阅读报告（1）	2课时/次	史剑波	
浸润式培训：专题阅读报告（2）	2课时/次	高利佳	
浸润式培训：专题阅读报告（3）	2课时/次	陆军芳	
备注	任课教师因为主要以项目组申报为主，会邀请针对性强的专家在不同时机介入不同研究小组，但时间和人员都会由项目组商量确定，人员可能会有所调整，书目的提供也一样。		

第二节 报告会制度：每个人研究的发表

促进教师专业发展，需要让教师"把做的东西说出来，把说的东西写出来，把写的东西展示出来"。建立教育教学展示系统，是教师专业成长很重要的一环。展示能够促使教师不断将自己的研究和思考、实践和理论做一些认真的梳理。在评审的基础上，天长小学通过多渠道、多方式，创造条件让每位教师得到展示的机会，让他们在展示中寻求支持，在展示中得到认可，在展示中建立自信，在展示中促进对该领域内各方面问题全面深刻的认识，进而成为这方面的专家。

如"天长教育教学项目发表会"制度，就是让不同阶段的教师走上前台，展示自己在这个项目中的研究，交流自己的研究心得，与专家和同事共同探讨与该项目相关的问题。而"天长报告会"制度，旨在发布天长教师原创性学术成果，逐步打造成"教师系列、学者系列、家长系列"，邀请学校骨干教师、行政人员、老年教师等不同层面的教师举行"学术报告"。教师们报告自己的教育教学项目，讲述自己的教育故事，畅谈自己对教育的感受。同时，我们也把校刊《直面差异》作为支持教师展示系统中的核心力量，让更多没能在台前讲述故事的教师发表自己的教育教学项目，用文字记录自己的研究历程，从而达到促进教师专业成长和发展的目的。针对不同教师的教育研究成果，学校建立教育教学出版资助计划，做好教师教育教学成果的"后半场"。根据教师研究成果情况，出版教师个人专著、学校丛书、视频资料等，使教师的学术成果进一步得到传播。

📋 【案例6-2】"校刊约稿"通知

各位老师：

学校的校刊要适当地改版，无论从杂志名称，还是杂志的栏目、内容都要进行改变。校刊编辑部本着为老师搭建平台、创造机会、真心服务的宗旨，真诚地向各位老师约稿，希望大家踊跃来稿。来稿请放至袁慧娟ftp "校刊投稿"文件夹中，杂志栏目及内容——

1. 源头活水：学校各行政部门工作、党工团工作等；

2. 直面差异：针对差异的论文、教案、案例研究等；

3. 名师讲坛：天长的特级教师，上城的特级、优秀教师等的介绍或采访；

4. 凡师凡语：老师的工作感悟；

5. 心灵之约：好书推荐，教师读后感等；

6. 光辉岁月：教师教学成果和荣誉；

7. 真我风采：学校封面人物的访谈。

校刊编辑部

2009.9.1

第三节　学历进修：学术训练的平台

学校教师走向"研究型教师"的道路主要是两条：一是"全员科研"的思路，就是教师在科研的探索中，逐渐提升自己的学术训练；还有一条思路，就是教师的学历进修。从实践的角度看，学历进修可能是更好的路径，因为进行"全员科研"的挑战很大，如果是针对学科的研究，则不同学科之间很难协调，操作非常麻烦，如果是普适性培训，又很难针对不同需求的教师群体。而学历进修比较好地解决了培训的个性化问题，而且，大学的课程设置显然更加系统化一些。

所以，学校在5年前就提出"学历提升计划"，提倡教师们攻读"教育硕士"，教师们在学习的过程中，能有以下一些学术收获——

教师们在考教育学研究生的过程中，全面系统地复习了教育学和心理学的知识。这些知识虽然之前也学过，但显然，我们经过几年的实践，会有更多的体悟。学校在这个阶段的助力主要是邀请心理学和教育学的专家进行专题讲座，使教师们的复习更有系统性和针对性。

就攻读教育硕士学位，我们提倡教师们考天南海北的学校，这样，教师们能获得与之前的求学经历不同的体验，加深对教育理论知识的认识。同时，在做硕士论文的时候，大家会对自己某一专题的知识进行理论和实践的梳理和思考。这几方面，对自身的学术训练是很有益的。

完成教育硕士的学习之后，很多教师与学术圈都还会保持联系，这样，就有了一个学术的交流圈。这种交流是时刻持续的，而且，我觉得更重要的是，如果这个学术圈是自己选择的，它本身是契合自己的学术兴趣和研究方式的，会对自己的思维方式有所裨益。

从上面的分析，我们可以看出，培养教育硕士本身不是学校教师培训的应有之义，但是，确实会对"个性化培训"产生积极的影响，而且这种影响远远比我们日常的培训更具有发展性和可持续性。可惜的是，教育学研究生的考试门槛还是有一些高，读书的过程还是有一些艰苦，但正如我们在前几章中说的那样，其实，教育是很复杂的，要真正搞清楚，本来就应该有坐"冷板凳"的功夫。

【案例6-3】杭州市天长小学教师学历提升管理办法

杭州市天长小学教师学历（学位）提升管理方法

第一章　总则

第一条　为全面提升我校教师的学历（学位）层次和专业化水平，促进教师队伍整体素质的提高，根据我校人才发展现状和学校三年发展规划，制定本办法。

第二条　本办法由教师发展中心具体实施。

第三条　本校40岁以下中青年教师，原则上应该在进入天长的8年内达到硕士研究生以上学历（学位）。

第二章　条件及程序

第四条　教师应尽量选择攻读全国各地不同高校的研究生，以优化我校的教师学缘结构。

第五条　教师在攻读研究生的过程中应该认真规划自己的学习，真正达到提升自身专业水平和素养的目标。

第六条　报考专业应符合学校发展需要，与目前所从事的教育教学工作及研究方向相同或相近。

第七条　教师应在当年把攻读研究生的学校、专业等相关情况向教师发展中心报备。

第三章　支持与奖励

第八条　学校免费提供在职硕士英语、教育学心理学综合2门学科的考前培训。

第九条　学校全额报销攻读研究生的学费。

第十条　学校对攻读研究生的教师给予奖励补助：省内高校对口专业奖励1万元以补助教师学习期间的其他费用，省外高校对口专业奖励2万元以补助教师学习期间的其他费用。

第十一条　试行毕业后报销原则，具体流程如下：

（1）到上城区社区学院领取填写相应表格，到教育局报销学费的三分之一。

（2）凭毕业证书和学费发票（原件、复印件）到教师发展中心审核，学校报销学费的三分之二。

（3）凭学习期间的交通费、住宿费、饮食费、书费等发票以报销的方式领取奖励补助（凭发票报销部分不低于奖励补助金额的70%）。

第十二条　若因个人原因中途退学或不能毕业者，教师个人承担全部费用。

第四章　附则

第十三条　本办法自2014年9月1日起实施。

第十四条　本办法由学校教师发展中心负责解释。

杭州市天长小学

2014年8月30日

第四节　课程参与：理论和实践结合推进

教师培训的核心问题是培训的效能问题。为了增强培训的有效性，几乎各级各类指导性文件都明确提出培训内容应"以问题为中心，以案例为载体"。

"新课程"实施以来，通过教育局、教育学院及天长小学的多轮通识培训，教师对"新课程"的理念认识，对教育教学、教育科研等一系列的认识已经基本完成，而教师不同的个性化需求在这时也呈现出来。教师培训"全员、全面"的形式和内容，都逐渐显得不适应教师的自我需求。

在天长小学招聘的新教师中，研究生学历的教师已经大幅度提升，同时，教育学硕士的培养，使教师的基本理论素养又提升了一个台阶。以天长小学为例，除个别老教师外，大部分教师都已经达到本科以上学历水平，教育硕士比例近25%。我们显然可以发现，教育教学的基本理论，已经不是学校培训者应该着重考虑的地方了。

国家建立的各级教师培训机构，都组织了不同层面的骨干教师的培训。省内主要是省教师培训中心的高端培训、名师名校长工作站、长三角省际培训；市教师培训中心的学科带头人、骨干教师培训；区教育学院的各类骨干教师培训。每所学校，在这些层面上的老师，都能进入各类培训。

综上所述，我们可以清晰地发现学校教师培训内容的几个着力点：

（1）教师培训的主要人群是大部分学校教师，而非学校教师中的拔尖者；

（2）教师培训的内容现阶段应该以解决问题为主，而不只是面上的通识培训。

1. 学校教师培训渠道的检视

教师培训渠道有哪些路径呢？"新课程"从一开始，就提倡"专家引领、同伴互助、自我反思"三条路径。严格地说，教育因为本身问题的复杂性和过程的动态生成，并不具有很强的规律性——或者说，规律和实践的结合才是规律，并不存在另外学科的所谓"规律"，这也是教育学之所以被很多专家认为不是"科学"的主要原因，因此，我们又可以增加对教师培训的几个认识：

（1）自我实践是根本，带有理论背景的自我反思当然也是实践的内容之一；

（2）同伴互助和专家引领在更多意义上等同于理论背景，这也是"新课程"发布后无数专家、名师引领但在实际教育教学层面改变甚小的原因。

2. "参与式课程开发"的实践路径

"参与式课程开发"沿用了彼德·泰勒（不是课程目标理论的泰勒）的概念，但确实是我们在思考教学、研究、培训"三位一体"培训与真正走向每个人个体实践的培训中反复实践的路径。我们提出的"参与式课程开发"主要具备以下几个要点：

（1）教师在课程实践中学会课程开发；

（2）教师的互动参与；

（3）教师的学科视野的打通。

📋【案例6-4】"年级协同——自主春游"样例

如何让学生在春游中拥有更大的自主活动空间，从而经历更丰富的活动体验？如何使一切从学生的兴趣出发，真正让学生在活动中得到发展？天长是否可以尝试自主春游，改变原有一个班两个老师带领活动的模式，进一步培养学生同伴间的交往能力、合作能力和团队精神？

2010年开始，学校让四年级学生与二年级学生随机组队，以5到8人为小组，自主分工，自主合作，按照学校制订的路线，步行5公里达到目的地。整个活动的实施中，学校相关部门与两个年级组的协同工作如下：

◆学生发展中心组织美术组设计《杭州市天长小学学生自主春游手

册》和《杭州市天长小学学生自主春游地图》。

◆学生发展中心召开相关年级组全体教师会议，明确活动安排、分工责任、活动路线等。

◆班主任在各班进行自主春游活动安全、文明等教育，并招募家长志愿者。

◆年级组长确定学生分组名单、教师分组名单、家长志愿者分组名单；编印83位家长志愿者、22位教师通讯录及39个小组名单。

◆活动前两周，组织二、四年级全体学生进行混编小组团队第一次集会，引导新团队成员互相认识、团队分工（如组长、副组长、小队标识设计、小组游戏准备等）。

◆活动前一周，组织二、四年级全体学生进行混编小组团队第二次集会，使学生进一步明确自主春游的活动事项，加深新团队成员之间的交流。

◆活动当天早上，学生发展中心组织召开二、四年级家长志愿者会议，明确活动流程及责任分工。

◆年级组长主持自主春游活动启动仪式。

◆按计划实施自主春游活动。

◆召开年级组长、教师代表、学生代表、家长志愿者代表座谈，总结反馈活动情况。

从上面的案例中，22位老师全程介入整个"自主春游"课程的建设，熟悉课程目标评价、实施等方面的技能，整个过程是参与式的，大家"摸着石头过河"，在参与中成长与实践。从上面的案例中，我们可以看到：参与式课程开发，不仅仅是开发课程，它涉及整个培训过程。当然，如果你对课程有比较传统的了解，那么，你可能会觉得这个"课程"有点不像课程，我们暂且把它称为"微型课程"吧！

第五节　即时教研：碎片化研究的独特价值

　　教师追求个性发展的氛围是怎么形成的呢？我们认为，这很大程度上是在每天的办公室交流中形成的。办公室的教研文化的形成是教师日常改进教育教学的基本条件，也是很重要的方式。我们从青年教师成长调研中发现，许多青年教师在成长中，都认为办公室同伴的帮助起了很大作用。在办公室里，他们观察同伴的工作，聆听同伴的教育教学感受，在汲取同伴的营养中，发现自己的教学兴趣，培养自己的教学专长，形成良好的教师追求个性发展的氛围。那么，办公室的教研文化是怎么形成的呢？

　　首先是教师之间全面开放合作的工作局面创造的。在评价中，注重教师的团队合作，而在工作策划中，首要考虑团队的工作机制，让所有的人认识到，学生的成长要依靠全体教师，受学校所有事物的共同影响。少一些教师个人之间的直接竞争是形成办公室良好交流氛围的前提。在办公室人员安排上，以年级和学科作为出发点，适当考虑教师们的学科，以利于教师之间交流主题的集中。天长小学五到六人的小型办公室环境非常适合开展办公室教研。

【案例6-5】一次发生在办公室里的实时研究

　　[人物] 小陆老师，教龄1年　　　孟老师，教龄19年
　　[时间] 数学课下课
　　"气死我了！"小陆老师捧着一大堆作业本懊丧地往办公桌上摔。
　　"怎么啦？"年长的孟老师关切地问。
　　"昨天上两位数乘法，很顺利，今天竖式计算练习，这么多人连竖式格式都写错。"小陆老师急得眼圈都红了。
　　"不着急，我看看。"孟老师边拿本子边说，"你把昨天的课和今天的课说给我听听。"
　　"哦。"小陆老师略作调整说，"昨天我重点放在算法多样化上，但我也关注了竖式计算，好几个学生都会算了。今天在练习前我特地让会的

同学来板演了一遍，问懂不懂，他们都说会的。"

"你昨天说明了竖式计算与其他计算方法之间的联系了吗？"孟老师问。

"点是点了。"

"这可很重要，说明分步计算与竖式计算之间的联系，实际上是帮助学生理解竖式计算的算理。"孟老师认真地说，"你想一想，是不是？"

"是呀，我怎么没想到？"小陆老师若有所悟。

"还有在布置作业前，要让学生有个说算理的过程，要让他们有试做的过程，以便及时发现错误，及时纠正与指导。"孟老师还特别强调，"说算理在计算教学中千万不可忽视，不仅要让学生自个儿说，还要说给边上同学听、说给大家听，这样才能把技能内化。"

"孟老师你说得在理，我要早点问你就好了，我还以为这节课教学会比较简单。"小陆老师略显高兴，"那孟老师，接下来你说我该怎么办？"

"不急。"孟老师笑了笑说，"你把学生做上来的作业好好理一理，挑出几道典型错题，比如算理错的、格式错的等等，下节课先来个错例分析，再让大家总结一下计算方法，然后再练习，应该会好些。"

"太好了，谢谢你！"小陆老师兴奋地给吴老师一个拥抱。

对于刚走上工作岗位一两年的新老师来说，随时随地的教研探讨恐怕比每周或每月一次的大组教研活动要有效得多。他们面临的问题可能没那么深，但却是亟待解决的问题；问题虽小、琐碎，却是细节处见真功夫。就像学生手中有一本字典一样，新老师们也希望自己身边有一本"百科全书"，遇到难题、问题，随时问问就即刻解决了，这样他们的成长才会少走弯路，他们才有时间去赶超他们的前辈，才有可能青出于蓝而胜于蓝。

附录1：

本章拓展阅读书目

[1] 威廉·维尔斯曼. 教育研究方法导论[M]. 袁振国，译. 北京：教育科学出版社，2003.

[2] 刘良华. 叙事教育学[M]. 上海：华东师范大学出版社，2012.

[3] 刘捷. 专业化：挑战21世纪的教师[M]. 北京：教育科学出版社, 2002.

[4] 傅道春. 教师的成长与发展[M]. 北京：教育科学出版社, 2001.

[5] 刘芳. 教育科研能力的培养与提高[M]. 北京：中国和平出版社，2000.

[6] 叶澜. 教师角色与教师发展新探[M]. 北京：教育科学出版社，2001.

[7] Thomas R. Guskey. 教师专业发展评价[M]. 北京：中国轻工业出版社，2005.

[8] 张民生，金宝成. 现代教师走近教育科研[M]. 北京：教育科学出版社，2002.

[9] 金美福. 教师自主发展论[M]. 北京：教育科学出版社，2005.

附录2:

基于差异: 寻找每一位教师发展的"蓝海"[1]

面对有差异的学生, 如何实施有差异的教育, 从而促进学生的差异发展, 这是天长小学几十年来探寻的核心问题。在这个过程中, 我们发现, 差异化教育能让每位教师在自己的教育教学领域里得到较好的发展, 让他们在差异中追求教育个性, 形成教育风格, 让每位孩子都喜欢天长的老师, 从而喜欢学习, 喜爱学校, 促进他们的差异化发展。

促进教师的差异发展, 也是教师实现人生价值的需要。我们传统的教师道德取向更多地强调了教师的责任, 强调教师的奉献, 而较少关注教师的个性化发展。我们认为, 教师这个职业不仅仅是谋生的手段, 也不仅仅是为社会做出奉献, 而更应该是实现自身人生价值的途径。我们教师的专业发展更应该促进这种在差异化前提下的每个教师人生价值的实现。

一、基于问题: 寻找教师自主发展的原点

好教师的成长, 都是建立在教师自身主动发展基础上的。我们认为, 只有教师自身主动发展, 才能真正发挥他们的积极主动性, 才能让他们在教育教学工作中反思自我、总结自我, 达到真正提升自我的目的。

如何促进教师自主发展? 我们首先从分析教师的差异出发, 找出不同教师的发展状态, 形成对教师状况的基本认识; 根据不同教师的发展状况, 按照不同差异、不同要求、分别对待的思路, 正确定位教师差异发展的方向, 以"入门、达标、骨干、名优"为发展目标。帮助教师根据自身发展态势与教育教学发展的兴趣等方面, 规划教师职业发展, 明确发展方向。

促进教师的自主发展, 其中最重要的是要转变教师的发展方式, 把

---

[1] 本研究为浙江省"十一五"中小学教师与校长培训研究课题"'教师教育家'成长支持性策略的研究和实践"成果之一, 课题成果获浙江省"十一五"中小学教师及校长培训研究立项课题二等奖。

重点放在解决教师教育教学工作中的问题上。我们说，每位教师在教育教学工作中，面对不同的学生，面对不同的教学任务，随时随地都会遇到新的问题，而伴随着问题的解决，教师也就得到了发展。在解决问题的过程中，教师学会了处理课堂纪律的问题，学会了解决学生不做作业的难题，学会了与家长的沟通，学会了与科任教师的合作。

教育问题交流会。为了能够发现教师日常工作中存在的问题，我们采用了召开不同形式的教师教育教学问题交流会的方式，有新教师座谈会、五年教龄以下教师恳谈会、促进学生主动学习交流会等，让教师倾诉自己工作中存在的困惑，聆听其他教师的困难。教师发展中心整理出有共性的问题，作为一定阶段教师学习的主题。比如，如何促进学生积极主动地参与，如何让学生有效倾听，如何让学生减少计算错误等，这些带有普遍意义的教育教学问题的解决，是教师发展的基本方式。每个学期，针对不同的学科，我们都会策划形式多样的教学研讨会。如2009年，在基于提升"班级读书会"效率的"两湖论坛"上，台湾、大陆的专家就儿童阅读推广展开深入的交流。

除了解决共性的问题，我们把更多注意力集中在教师个性化问题上，让更多教师得到差异化的发展。但通过会议的方式，还是很难发现一些教师教育教学中突出的个性问题，教师们有时很难把自己面临的困难敞开心扉与人沟通。如果他们遇到的困难得不到有效的解决，会大大影响工作的效率，影响他们的工作状态，严重时甚至会影响他们的专业发展。为此，学校要不定期召开教师教育教学问题分析会，由学校各线行政汇报他们搜集的教师教育工作中的问题，讨论解决的办法，从学校层面帮助教师解决问题。

教学实践诊断会。一位青年教师硕士毕业后进入我校任教。开学不久，我们发现这位教师非常焦虑，其工作已经受到影响。在行政教师教育问题分析会上，大家进行了交流，发现他的问题主要出在不能有效组织学生全力投入学习上。由于对班级情况掌握不够，对班级可能出现的困难准备不足，他把主要精力放在学科体系的研究上，放在教学设计上，而对如何调动学生的学习状态缺乏准备，导致几个星期过去了，学生还不能与教师有效地对话，学生之间的交流也没有达到应有的效果。问题清楚了，教研组专门就这个问题为他举行了一次实践诊断会，会上，全体同仁把所有的关注点都放在观察他与学生的交流上，放在他对学生的评价上，放在关键环节对学生注意力的吸引上。课后，大家对他的课堂行为进行了细致分析，帮他提出了许多建设性的意见。会后，他说，他自己也知道教学中存在组织问题，但到底怎么解决，就是弄不清楚。同伴们的这些建议，让他恍然大悟，原来改进就是在很细小的语言行为上。过了不久，年级组又开了第二次交流课，用摄像机全程记录，教师们再次对这位青年教师进行了诊断式的观课。

召开专题研讨会。对于教育教学中产生的带有普遍意义的问题，我们可以采取专题研究的方式来解决，聘请专家做专题指导，召开专题研讨会进行专门研究，让每个教师了解问题的原因，学习解决的技术路径，尝试解决自身的问题。比如，我们一年级的一位教师，发现一个孩子上课总不能专心聆听，基本不能参与师生讨论，学习进程受到严重影响。到底是什么原因导致这个孩子出现这样的问题？教师于是向专家寻求帮助。在专家的指导下，教师运用课堂观察技术，采用录像分析的方法，逐节课统计学生的课堂行为方式，分析可能的原因。在此基础上，设计促进学生参与的策略，逐项实施，力求达到最佳的效果。围绕这个教育事件的发展，学校召开了多次专题研讨会，全体教师围绕"学生课堂行为分析技术"、"促进学生参与的有效策略研究"、"不同学科合作评价研究"，"家校互动的学习改进研究"等课题，让教师真正学会解决教育实际中的问题，提升了自己的专业素养。

二、营造氛围：形成教师个性教育的追求

学校里需要造就一种教师之间互相交流、互相借鉴、互相学习的氛围，每位老师在自我研究兴趣方向的基础上，通过不断反思和实践，才能逐渐形成对教育教学的个性追求。

"即时性"办公室教研。教师追求个性的发展氛围是怎么形成的呢？

我们认为，很大程度上是在每天经历的办公室交流中形成的。形成办公室教研文化是教师日常改进教育教学的基本条件。我们从对青年教师成长的调研中发现，办公室同伴的帮助起了很大作用。在办公室里，他们观察同伴的工作，聆听伙伴的教育教学感受，在汲取同伴的意见的营养中，发现自己的教学兴趣，培养自己的教学专长，形成良好的教师追求教育个性的氛围。

那么，办公室教研文化是怎么形成的呢？首先是教师之间全面开放合作的工作局面创造的。在学校评价中，要注重教师的团队合作；在工作策划中，首要考虑团队的工作机制，让所有的人认识到，学生的成长要依靠全体教师，要在学校所有事物的共同影响下逐步推进。少一些教师们个人之间的直接竞争是形成办公室良好交流氛围的前提。在办公室人员安排中，应以年级和学科为出发点，适当考虑教师们的学科，以利于教师之间交流主题的集中。天长小学五到六人的小型办公室环境非常适合开展办公室教研。

个性化的教学展示。为了让教师在教育教学中努力形成自己的个性化研究项目，促进教师在自己喜爱的研究项目上的深入学习，形成有鲜明个性色彩的研究成果，我们努力遵循"研究什么，培训什么"的基本原则，让教师在自己的研究项目中得到最大的支持。比如，马王林老师正在进行"天长经典诵读"研究项目，我们创造条件让她参加各种形式的经典诵读研讨会、培训会，让她与李振村等全国著名专家形成紧密的合作关系，建立经典诵读合作伙伴学校机制，支持马老师开展以"我与春天手拉手"为主题的经典诵读中队活动。活动连续进行了四年，结合了整理经典、诵读经典、"学习西湖"、"认识春天中的杭州"等多种学习方式，形成了有鲜明个性的序列学习案例，成为她自身成长的一项重要工程，她也成为了教师心目中经典诵读研究的专家。又如，蔡健老师对班级读书会的研究非常感兴趣。学校因此安排她参与曹文轩等专家主持的班级读书会、培训会，开班级读书会示范课，主持亲子阅读活动，作班级读书会专题报告，学校还申请全国经典诵读实验基地，并让蔡老师担任基地主任。逐渐地，她的班级读书会工作得到家长的广泛支持，不到两年时间，学生的阅读量大大增加，阅读成为学生们生活的重要组成部分，而她的项目也成为学校大力推广的一项工程。在此基础上，全国第五届班级读书会研讨会、首届"两湖"儿童阅读论坛也在天长小学成功举办，班级读书会也成为学校发展的一个品牌项目。

基于改进的自我研究机制。教师专业发展要关注每个教师，形成教师自我关注、自我反思、自我改进的机制。自我研究机制的形成，使教师的发展完全站在了个性化发展平台上。陈怡老师在2011年暑假后期，联合学校的几位语文教师筹备研发学校三、四年级的语文校本教材。从最初的设想，到几番讨论，请教专家，并昼夜奋战，几易其稿，终于研发出了厚达百页的校本教材。在进行研发时，老师们动足了脑筋，但他们很快发现其中的问题：其一，研发时间不够充分；其二，校本教材的目的性不够明确；其三，与现今老师与家长的需求还有距离。学校很快认同这一"研究改进"，全力支持陈老师进行新的研究。

三、提供支持：探索教师差异成长的保障

要促进教师的差异化发展，建立教师差异化发展支持系统是很重要的保障。这些保障包括教师的教育教学项目展示系统、教师外出访学交流机制、教育教学出版资助计划等。

教育教学项目评审制度。每位教师在日常教育教学工作中，都会有许多自己感兴趣的改进项目。所谓"改进项目"，有的可以是教育故事，讲述自己教育教学中的难忘经历；有的可以是自己的一项研究，是自己专业发展中正在进行的课题；有的是对一次问题解决的回顾；有的是对某次教学的反思，有的是一个连续几年进行的教学研究……这些项目的选择，每月由教师申报，需要经过学校学术领导小组的评审，以保持项目研究的灵活性和规范性。

建立外出访学交流机制。天长小学倡导"一个人因学习而拥有，因学习而丰富，因学习而发展"的学习理念，为教师搭设学习平台，鼓励教师学历进修。近3年，天长教师中教育学硕士毕业的有3人，教育学硕士在读的有10余人，教育学博士在读的有2人。赵卫群老师赴美国加利福尼亚州进修半年，带回丰硕的成果。2010年，在上城区教育基金资助下，袁慧娟

获得教师自主研修"丰叶奖"资助项目——赴韩国访问学习一年。省内主流媒体《今日早报》对袁慧娟老师的访学所得进行了深入的报道，通过讲述袁老师在韩国的学习经历，介绍了韩国课程设置中注重生活化的理念以及韩国小学教育中差异化教育的特点和实施方式。国内10余家媒体和网站都在第一时间进行报道和转载，彰显外出访学的重要意义。

形成教育教学项目成果展示系统。项目要达到促进教师个性化发展的目的，其核心要素是要建立教育教学项目展示系统。在评审的基础上，学校要以多种渠道、多种方式，创造条件让每位教师得到展示的机会，让他们在展示中寻求支持，在展示中得到认可，在展示中建立自信，在展示中促进对该领域内各方面问题全面深刻的认识，努力让教师成为某一方面的专家。如"天长教育教学项目发表会"制度，让不同层面的教师走上前台，展示自己在项目中的研究，交流自己的研究心得，与专家和同事们共同探讨与项目相关的问题。如"天长报告会"制度，教师们报告自己的教育教学项目，讲述自己的教育故事，畅谈自己对教育的感受。

建立教育教学出版资助计划。我们把校刊《直面差异》作为支持教师差异化发展系统中的核心力量，让更多没能在台前讲述故事的教师发表自己的教育教学项目，用文字记录自己的研究历程，从而达到促进教师差异化发展的目的。同时，针对不同教师的教育研究成果，学校建立教育教学出版资助计划，做好教师教育教学成果的"后半场"。根据教师研究成果情况，出版教师个人专著、学校丛书、视频资料等。

促进教师在差异中寻求自身的个性发展，是时代发展的需要，差异化的教师教育，才能促进孩子个性化的发展。当今社会强调对人的关注，重视人的个性发展，教育则呼唤教师的个性化的劳动。我们改变了教师成长"由上而下"的指导模式，逐渐形成以项目推动和自我规划为核心的教育教学行动研究。教师的差异发展实现了教师成长和教育生活、教师生活之间的无缝衔接，教师在不同发展状态下自主寻找专业发展的路径，成为教师成长的一种比较理想的模式。

人生即在此偶然性的旅途中，
自己去制造戏剧的高潮。

——李泽厚

第七章　也许能帮助你：一些有意思的细节

虽然我也不相信诸如"解题十五招"之类的宣传口号，但是，确实可能有一些可以称为"窍门"的东西，能够在论文写作的不同阶段，起到"锦上添花"的作用。

第一节　标题吸引人一些

文章的题目总是大家最先关注的，尤其是在现在的信息时代，信息大爆炸，这么多信息看也看不过来，若是标题毫无新意，大家估计随手就会把这篇文章扔到旁边。因此，确定一个吸引人的标题是一项很重要的工作，当然，从严格意义上说，标题的意义首先应该是表述的正确性，但是，从一线的实践看，如果不是很严格的课题论文，一般文章的标题还是需要吸引人一些。

一篇论文标题的好坏决定着它能否获得成功。什么样的标题才是吸引人的标题呢？

第一要"新"。标题有时比文章的内容还要重要，所以，一定要有独创性。既要做到新颖独特，又要做到紧扣主题，以激起读者的阅读兴趣。

第二要"小"。如果论文的标题过于冗长，很容易就给人带来烦琐之感，从而产生对整篇文章的偏见。另外，抽象、空洞的词语也不应该出现在标题中，以避免读者一见标题就陷入百思不得其解的境地。

第三要"准"。标题一定要在论题范围或论点内，让读者看了以后就可大致了解作者的意图与文章的研究内容，绝不能模棱两可而给人一种似是而非的感觉。

【案例7-1】某杂志2014年部分文章目录

1. 虽非重点 却很重要——高年级识字教学策略探析
2. 课题研究，教学相长——探索农村初中英语教学的新方法
3. 英语任务型教学的活动设计
4. 激发学生作文兴趣方法摭谈
5. 打开学困生厌学的"心门"：培养学习动机
6. 探寻思品学困生成因 健全思品学困生人格
7. 为学生送去灿烂的阳光
8. 农村留守儿童的情感缺失及对策
9. 案例教学法在教学中的应用研究
10. 语文教学中课堂提问的四大误区

看了上面的目录，你先凭直觉和喜好作出判断，看看哪些标题能够进入你的视野。对照上述对文章标题的要求，我们不难发现，虽然是杂志上的文章（经过了编辑一定程度的选择、加工），但从严格意义上说，一些文章的标题是值得商榷的。我们发现，文章标题的主要问题是笼统、太虚、文题不一致。

如上面的标题中4就太笼统，因为激发学生作文兴趣的方法很多，你

再"谦虚"地来个"撷谈",读者从标题中根本看不出什么东西,如果改成《活动引导:激发学生作文兴趣方法撷谈》,看上去就要明确很多。

上面标题中7就显得过虚,《为学生送去灿烂的阳光》,到底要说什么呢?看了半天也想不出来,这样的标题要么下面用副标题,告诉读者到底想说什么,要么把主标题进行修改。

上面标题中2有矛盾,主标题是说从课题研究的角度,教学相长,后面又说是新方法的研究,前后不一致,如果改成"探索农村初中英语教学的新路径"会好一些,因为这样,就和前面的"研究"统一起来了,说明这篇文章主要是从"研究"的角度来谈促进教学相长的,而不是从"教学设计",或者"学生观察"等角度来谈的,这样就比较切题了。

第二节 字体设计及摘要和关键词

有些文章对字体本来就有要求,那就按照要求。

如果没有要求,那在文章字体和标题上需要注意细节,当然,最重要的是便于读者明白,如果能够再美观一些,那就更好了。

关于文章的字体设置主要需要关注的是摘要和关键词,一般用一种字体;正文中论述用宋体,引用的案例最好用楷体,这样读者一看就明白这些是案例,便于看的时候总体把握,喜欢看案例的可以直接跳到案例。

论文题目中间可加标点,题目末尾不加标点,但一般情况下,题目尽量不要用标点,因为用标点就意味着内容复杂,用单句很难表达。

论文的摘要和关键词其实是很重要的。摘要就是文章最核心的内容,其实是一篇小文章,在表述的时候要注意用陈述语气。摘要一般应说明研究目的、实验方法、结果和最终结论等,而重点是结果和结论。论文摘要写作的注意事项包括以下几点:

1. 一般不用对论文内容作诠释和评论(尤其是自我评价)。

2. 不得简单重复题名中已有的信息。比如一篇文章的题名是"小学生课外阅读教学策略",摘要的开头就不要再写:"为了……对小学生课外阅读教学策略进行了研究。"

3. 摘要是一篇完整的短文，每句话要表意明白，摘要不分段。

4. 用第三人称。建议采用"对……进行了研究"、"报告了……现状"、"进行了……调查"等记述方法标明一次文献的性质和文献主题，不使用"本文"、"作者"等作为主语。

5. 一般不出现插图、表格。

设置关键词的本意是为了搜索方便，我们一般在写的时候常常从标题中摘几个词语，这其实是不对的。关键词一般需要3～5个，比较好的是挑选3个文章的核心关联词作为关键词，而再用2个关键词表述文章的范畴，如"教学设计"，"语文课程"，这样读者就能很快把握你的文章涉及的"领域"，可以选择性阅读。当然，如果你对关键词的认知还属于起步阶段，也可以有一个比较讨巧的办法，看版权页。譬如《外国教育思想史》[1]一书的版权页上写着"Ⅰ.外…Ⅱ.张Ⅲ.教育思想–思想史–外国–高等学校–教材Ⅳ.G40–091"。其中罗马数字三的内容其实就是"关键词"。仔细揣摩《教育研究》、《全球教育展望》上的论文的文章摘要及关键词，也会有不少收获，这是一个比较好的办法。

📋 **【案例7-2】《教育研究》杂志样例: 小学高年级学生儿童社交焦虑与主观生活质量关系的研究**[2]

小学高年级学生儿童社交焦虑与主观生活质量关系的研究

【摘要】目的：探讨山东省某小学在校学生社交焦虑与主观生活质量状况。方法：采用儿童社交焦虑量表（SASC）与少儿主观生活质量手册（ISLQ），对山东省某实验小学596名在校高年级学生进行问卷调查。结果：该小学高年级学生社交焦虑水平普遍高于中国常模。无生源地、年级差异，有性别差

---

[1] 张斌贤，王保星. 外国教育思想史. 北京：高等教育出版社，2007.

[2] 徐桂梅，王丹. 小学高年级学生儿童社交焦虑与主观生活质量关系的研究. 教育研究，2014（10）.

异。不同性别学生在社会回避因子上，存在显著差异。随着主观生活质量的提高，儿童社交焦虑水平有所下降。其中，生活环境维度具有显著相关。结论：该小学高年级学生焦虑水平较高，应对不同性别学生采用不同教育方法；在心理干预中，重点考虑生活环境、家庭生活的影响；关注学生同伴交往情况；提高自我认识。

【关键词】儿童　社交焦虑　主观生活质量

第三节　读者意识

撰写并发表任何一篇文章，其目的是让别人读，因此，构思时要"心中装着读者"，多从读者的角度分析。一般说来，读者可分为专业读者和非专业读者。就学术论文来说，其读者对象为同行的专业读者，因此，构思文章要从满足专业需要与发展的角度出发，确定取舍材料与表达的深度与广度，明确论文的重点。而一般的叙述性案例等，针对的主要是非专业读者，因此表达相对要浅一些、直白一些，教育术语少一些。

在作者创作的过程中始终存在着"隐在读者"，这一"读者"存在于作者创作的任何一个环节。写作中的读者意识的另一层含义就是学会换位思考。如果我是读者，通过读这篇文章，我能从中收获什么呢？这篇文章的新颖和独特之处在哪里呢？有没有一种似曾相识的感觉呢？如果我们善于这样思考，我们就为自己的文章找到了方向，从而才能不断地提高自己的论文水平和质量。

如果你的文章是用来评奖或者发表的，读者群就会有很大的不同。

如果是为了发表，那你一定要对杂志的阅读群体和杂志的主要栏目比较了解，不然，文章写得再好也没有用。因为我是语文老师，我简单地以小学语文领域两份杂志做一比较，一份是《小学语文教师》，一份是《语文教学通讯（C）》。这两份杂志的读者群体虽然都是小学教师，但《小学语文教师》更加关注教师可以操作的实践性知识，一些技巧性的小方法等会比较多，文章一般都比较短小；而《语文教学通讯（C）》则兼顾理论性，一般都是对某类方法有比较详细的描写，文章一般都比较长。如果你是就一点想法写了篇小文章，你自然就知道你的文章更适合《小学语文教师》的"胃口"。

如果是为了评奖，其中的区别在于科研类和教学类奖项的要求不同。我们暂且不论两大门类的优劣，我们只分析大的区别，其中最大的区别就是科研类关注创新，教学类关注实践。所以经常出现这样的情况：一篇文章在科研类评比中得的奖级比较高，但在教学类评比中却得不了奖；或者在教学类评比中得的奖级比较高，但在科研类奖项的评审人员看来，没有什么研究的价值。

【案例7-3】不同核心期刊的针对人群举例[1]

《教育研究》：在一定意义上是我国历次重大教育理论讨论的主要平台。20世纪80年代初关于教育本质的讨论，80年代末关于教育功能的讨论，此后关于教育与市场经济关系的讨论和素质教育以及新时代背景下关于教育本质、功能和各种教育思潮的讨论等都在《教育研究》上有深刻的反映。在新时期，《教育研究》面向广大的教育研究工作者、中小学教师、大专院校教育学专业学生，更好地发挥自身优势，为广大读者提供一份更具理论性、权威性的教育理论刊物。

《全球教育展望》：始终秉持"全球考量、本土行动"的办刊理念，紧密追踪全球教育研究的最新理论，重点反映我国当前教育发展，特别是课程改革的最新成果和热点问题，努力服务于有志于教育理论和教育实践的各界人士。

《教育科学研究》：北京教育科学研究院和北京广播电视大学共同主办的综合性教育学术刊物；主要面向广大一线教师、校长、教育研究人员及教育行政管理人员；主要发表教育理论研究、教育政策评析、教育热点专论、教育问题调查、教育改革实验和国外教育动向等文章；稿件以反映教育现实

---

[1] 以下资料主要整理自百度百科和相关杂志网站介绍。

和实践问题为主，强调理论联系实际，小问题深挖掘，低重心高质量。

《课程教材教法》：我国第一家反映基础教育、教师教育课程、教材及教法领域最新研究成果、改革动向和教育实践经验，介绍国内外这些领域的改革动向和先进经验的国家级期刊。读者群为中小学教师和教研员、师范院校师生、课程教材研究者、教育行政领导。

《教学月刊·中学版》是浙江省专门面向中学各科教学的公开出版的业务性期刊，读者对象为中学（初、高中）、师范学校、职业中学、中专的教师、教研员及相关教育工作者。

第四节　必要的标注：规范的写法

一般的文章标注是脚注和尾注。脚注和尾注是对文本的补充说明。脚注一般位于页面的底部，可以作为对文档某处内容的注释；尾注一般位于文档的末尾，列出引文的出处等。

注释应具体标注页数，且多为直接引用；间接引用在正文中不需加引号，但仍需在注释中注明；严格意义上说，当论文的构想来源于某位老师上课期间的观点时也需要在注释中注明。

参考文献或者参考资料的文献类型主要有以下几类：专著［M］、论文集［C］、报纸文章［N］、期刊文章［J］、学位论文［D］、报告［R］、数据库［DB］、计算机程序［CP］、电子公告［EB］、其他［Z］等。

在一般的论文写作中，我们遇到比较多的是引用著作，来自杂志或者网络的参考文献也会有，基本格式也一样，可以参考。一般参考文献先写作者、题名，再写出版者和年份、页码，基本格式如下：

[1] 许宝华，陶寰. 上海方言词典［M］. 南京：江苏教育出版社，1997：98—102.（专著一般只需标注出版年份，页码可写可不写；期刊还需标注卷、期号，页码应注明。）

标注主要是为了学术规范，如果你做过研究生论文，一定会知道标注是基本的学术规范要求。只要你对引用文献做了说明，就不会出现在"查重"的范围内，而如果明明进行了大段的引用，却不做说明，就进了"查重"范围。现在"查重"的基本规范是："CNKI是连续的字数相同不能超过13个字，万方是连续的字数相同不能超过15个字。"也就是说，你引用的文字超过这些字数，就必须有标注。

当然，也有人说，我确定是引用了别人的一些材料而未标注，但没有被查出来。这是因为我们的评审还不全面，但是，随着学术规范的推进，"查重"这一基本方法肯定会在一般的论文评比中采用。

标注也不用死记硬背，如果手头有最近的权威杂志，如《教育研究》，你看一看，就明白一般的标注是怎么做的了。

第五节　选择典型的文献作为参考

大家写了文章，都会写一些文献作为引用或者参考文献，但很多时候只是为了符合论文规范，很多人甚至到文章写好了，才四处找"符合"自己文章的文献。

关于文献的典型性，需要注意的是：首先，典型文献必须是绕不过去的学术存在；第二，尽量直接引用，即引用原著的说法，而不是"转引自"其他的文章，如果是"转引自"，也要注明，以便阅读者了解引文的准确性。

选择的文献是否典型，其实体现了作者对这一领域的熟悉程度。据说很多专家看论文都先看文献，因为只要一看文献，就能知道作者的视野，如果作者连某一领域的比较权威的文献都没看过，很难说他的研究能到什么程度。后来大家对文献都很重视了，很多人都在文章后面写了一堆看上去重量级的文献，这些文献的选择不是作者文献掌握程度的一个真实的反映，而变成"应试"了，算是不正之风。好在后来这一风气没有弥漫。

对写文章的人来说，对文献的掌握还是很重要的，或者说，是基本的条件。我简单地举几个例子：你想写一篇有关诗歌的文章，朱光潜先生的

《诗论》总要翻一下吧？你想对"质的研究"有所涉及，陈向明老师的书总要看一点吧？在这个信息爆炸的时代，只是凭自己的一点经验在那边苦干、蛮干，如果不是说"无知"，至少也算是缺少"学术训练"！

我们可以通过下面对这些问题的自我解答来了解自己的文献是否典型——

1. 文献是否列出了该领域最重要的研究工作，即那些从事该领域研究的人一般都应该熟悉的文献？

2. 文献是否引用了该领域最著名作者的文章？

3. 文献是否引用了一些最新发表的文章？

4. 引用的文献中是否包括了期刊论文和学术专著？

其实，如果你想偷一下懒，也可以有一个简便的办法，即找该领域的一些专家的文章来看，查找他们的引用文献，再"按图索骥"，就能较快地知道本领域的典型文献。

但这也有一些问题，你是否广泛地了解了与研究问题有关的资料？能否独立和批判性地对该领域研究工作现状做出概括总结？你是否了解与该领域有关的主要观点，知道哪些问题已经得到了解决，哪些问题尚有待解决？

【案例7-4】这些文献为什么不典型？

C老师写了一篇论文——《例谈体育教学中教师的讲解与示范》，列出了如下的参考文献：

参考文献：

1. 中国学校体育　　2007年第11期

2. 中国学校体育　　2006年第10期

3. 小学的说课　　　宁波出版社　王深根

4. 《体育课程标准解读》体育课程标准研制组，2002年5月第1版

案例中文献的引用有标注不规范的问题，我们可以参看前文进行对

比，但这里主要分析为什么这些文献不够典型。首先，杂志文章是相对典型性差的（除非是核心期刊中的部分文章）；其次，《小学的说课》这本书和论文的主题没有什么关系；当然，更关键的是，这篇论文其实属于"教学法"范畴（这个领域的专著很多，国内原来很多的"教学论"其实就包含了"课程论"），"例谈"又属于"案例法"研究范畴，但在参考文献中这两个领域的书一本都没有，可见，作者的视野是比较狭窄的，也是比较粗浅的。我们初步可以判断，作者的文章不大会有很高的价值。

第六节　图表的作用也不小

数据可视化是论文中很重要的一环，尤其是在比较重要的论文中，有些用语言文字难以表达清楚的内容用一个绘制合理的表格能够系统、简洁、集中地表达出来，而且一目了然。如果表格设计、编排得当，还能起到美化版面的作用，使读者有赏心悦目的感觉。从内容来看，每张表格都是一个逻辑的构成，表达一个完整的意思。表格应具有自明性，即读者不用阅读其他文字，就能看出表中所表达的信息。有的专著把图表放在文后做一个附录，便于人们快捷、统一地查找。下面把图表作简单的区分论述。

一个完整的表格应包括以下6个要素：[1]

1. 表序，即表格的序号。表序是按表格在文中出现的先后用阿拉伯数字连续编码而形成的，如"表1"、"表2"等。表序应该标注在表的上方。

2. 表题，指表格的名称，它同文章的标题一样，是依据表格的内容确定的，要用一句简明扼要的话把表格内容概括出来。

3. 栏目，指表格内的项目，用以指明该栏信息的特征或属性。

4. 线条。研究论文中的表格，一般要求为"三线表"，即顶线、底线和栏目线，其中顶线和底线为粗线。必要时可加辅助线，但无论加多少条

[1] [美]威廉·维尔斯曼. 教育科研方法导论[M]. 袁振国，译. 北京：教育科学出版社，2003.

辅助线，仍称作"三线表"。

5.表身，即表格的主体。表身内的数字必须准确无误，数字的位置要对齐，有效位数要一致，没有数据的地方用"—"或 "…"表示；表格一般不要"破"（一张表格分布在两页上称之为"破表"），表格实在较大需要转页时，应在续表的上方注明"续表"字样，并重排项目栏，表序和表题可以省略。

6.表注。有需要加注说明的事项，可以以简练的文字附注于表的下端，紧贴框线外侧，自左写起。

📋 【案例7-5】小学生校外奥数课程投入情况[1]

表7-1   小学生校外奥数课程投入情况（均值）

	2008—2009学年	2010—2011学年	2012—2013学年
学年课程费用 （元）	5457.32	7015.24	8345.65
每周课时 （小时）	3.12	3.24	3.31
每周课后复习 （小时）	6.07	6.41	6.72
每周家长辅导 （小时）	3.23	4.64	5.87
每次往返交通 （小时）	1.41	1.22	1.18
往返交通费用 （元）	6.39	7.54	8.64

图的制作。图实际上是表格的直观化。 对于可以用较短的文字清楚

---

[1] 伍青生.五年来上海市小学生校外奥数学习状况调查[J].上海教育科研，2015（4）.

表述的数据，就不要以图形的方式来表达。图用于形象地表示正文所述结果。简而言之，它们是表达结果的有效方式。好的图可以把数据信息迅速、准确地传达给读者，读者甚至不用看正文，就能从图中获得自己感兴趣的内容。

大数据时代强调数据可视化。图就是一种重要的可视化表现方式，我们一般常用的图有：

柱状图：[1]

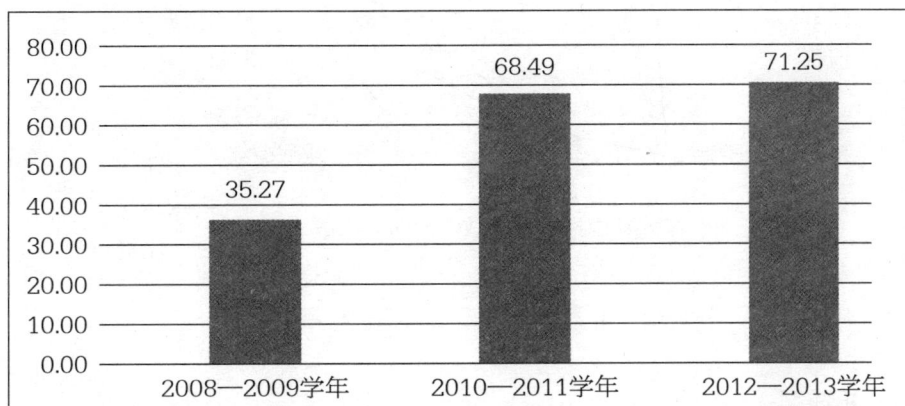

图7-1　小学生校外奥数课程的选择比例（单位：%）

---

[1] 伍青生.五年来上海市小学生校外奥数学习状况调查[J].上海教育科研，2015（4）.

雷达图: [1]

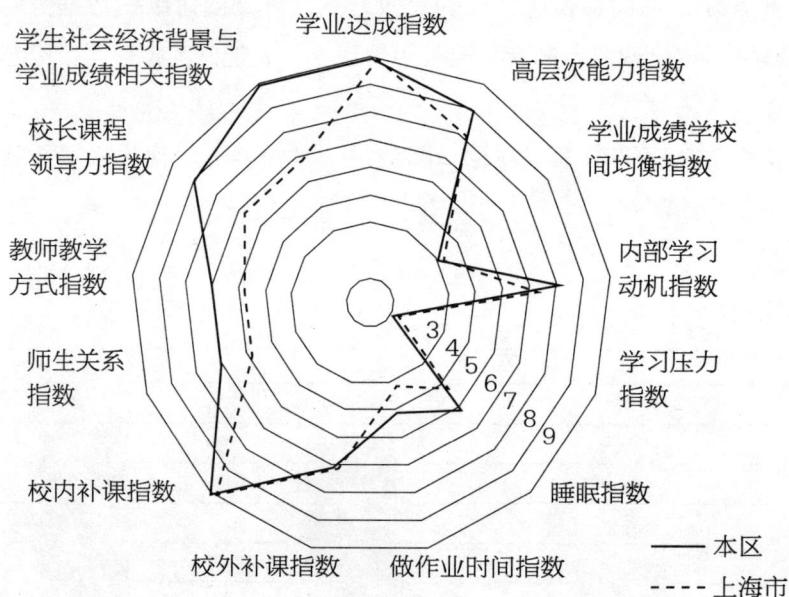

图7-2 上海市某区三年级各指标雷达分析

折线图: [2]

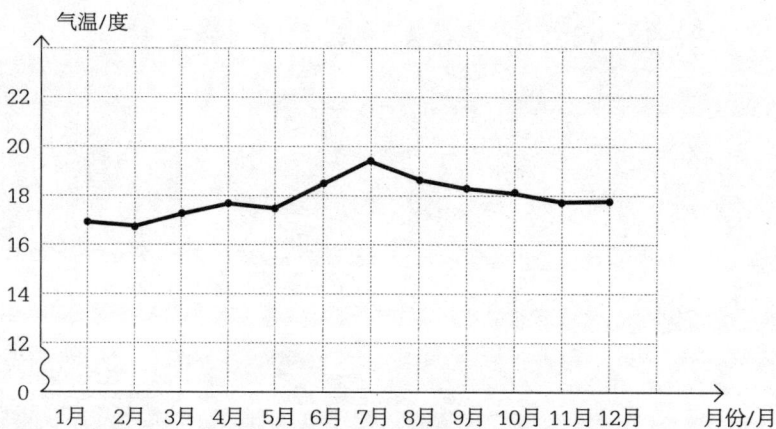

图7-3 2011年昆明12个月平均气温统计

[1] 刘坚. 寻找学业质量绿色指数: 2003—2012[R].

[2] 钟则明.磨课，让数学教学充盈成长的韵味[J]. 小学数学教育, 2013（11）.

框架图:

```
┌──────────┐      ┌──────────┐      ┌──────────────┐
│ T小学学生  │─────▶│实证分析文化 │◀─────│国内外学生活动性 │
│家长调查分析 │      │传承趋势    │      │德育课程的研究  │
└──────────┘      └──────────┘      └──────────────┘

┌──────────┐      ┌──────────┐      ┌──────────────┐
│ 班级授课   │─────▶│ 课程设计   │◀─────│ 社会交往      │
└──────────┘      └──────────┘      └──────────────┘

┌──────────┐      ┌──────────┐      ┌──────────────┐
│ 课程目标   │─────▶│ 课程内容   │◀─────│ 课程评价      │
└──────────┘      │ 课程实施   │      └──────────────┘
                  └──────────┘
```

┌────────────┐ ┌────────────┐ ┌────────────┐ ┌────────────┐
│变革常规：初始 │ │程序嵌入：日常 │ │任务驱动：专题 │ │微团体验：国际 │
│交往的活动性德 │ │交往的活动性德 │ │交往的活动性德 │ │交往的活动性德 │
│育课程实施   │ │育课程实施   │ │育课程实施   │ │育课程实施   │
└────────────┘ └────────────┘ └────────────┘ └────────────┘

┌────────────┐
│   结论   │
└────────────┘

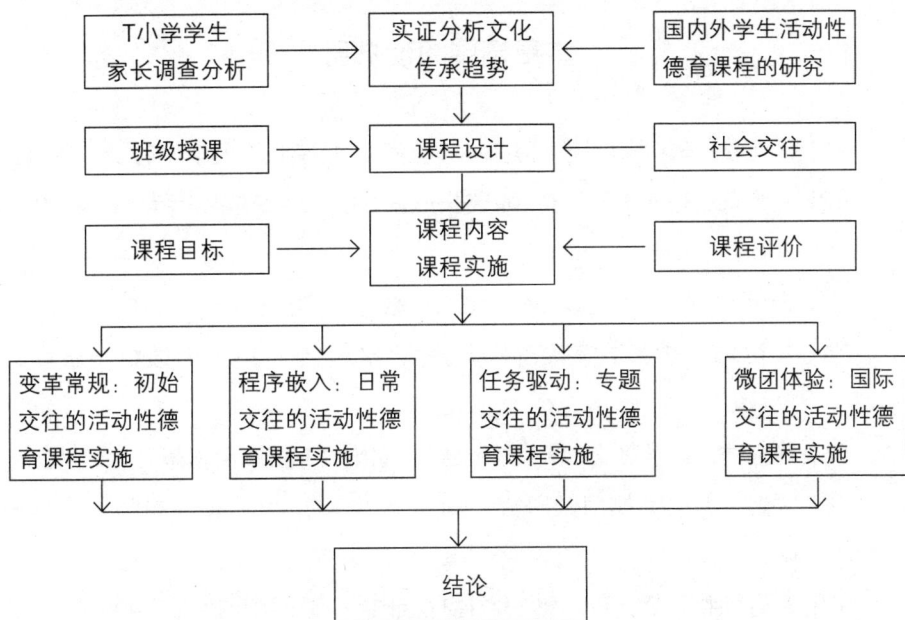

图7-4　小学活动性德育课程的成效

附录1：

本章拓展阅读书目

[1] 郑金洲. 教师如何做研究[M]. 上海：华东师范大学出版社，2005.

[2] 陈大伟. 教育科研与教师成长[M]. 上海：华东师范大学出版社，
2009.

[3] 张丰. 从问题到建议[M]. 北京：教育科学出版社，2013.

[4] 郑慧琦，等. 学校教育科研指导[M]. 上海：上海教育出版社，
2001.

[5] 钱大同. 小学教育科研概论[M]. 杭州：浙江人民出版社，2005.

[6] 郑金洲. 教师如何做研究（第二版）[M]. 上海：华东师范大学出
版社，2012.

[7] 顾春. 中小学教育科学研究[M]. 北京：知识出版社，1998.

[8] 何云山. 教育科研指南[M]. 北京：红旗出版社，1999.

[9] 裴娣娜. 小学教育科学研究[M]. 北京：科学出版社，1998.

[10] 李洪曾. 教育科学研究方法基础[M]. 上海：上海教育出版社，
1991.

[11] 钟启泉，等. 多维视角下的教育理论与思潮[M]. 北京：教育科学
出版社，2004.

附录2：

基于交往：活动性德育课程的实践与研究[1]

【摘要】

活动性德育课程是德育课程的重要分支，也是国内外德育课程的发展趋势，它是以学生的兴趣、需要和能力为基础，利用校内外的教育资源，通过学校组织或学生自己组织的一系列活动，旨在增进学生的道德认识和实践能力，改善其道德生活而实施的德育课程。课题组在分析学校家长的学生培养取向及学校文化传统的基础上，以"交往"作为活动性德育课程架构的核心要素，通过近五年的时间，对课程目标、课程内容、课程实施、课程评价进行了广泛的实践和研究，并结合实践案例进行了理性分析，取得了一系列的成果，有力地促进了学生个性的培养和良好交往能力的形成，为学校德育课程建设和学生成长路径提供了有益的借鉴。

【关键词】交往；活动性；德育课程

一、课题研究的缘起：来自家长、传统、课程的理解

1. 一次调查：家长对交往的社会理解

学校曾在新生家长会上进行了一次家长问卷调查。其中有一个问题是：您希望您的孩子得到哪些方面的发展？调查结果中排序第一的是孩子的健康，其次是学业保障，排在第三的是交往历练，特长发展排第四。交往历练排在了特长发展的前面，这多少让我们有些意外。联想起暑期里媒体报道游学活动中孩子们出现的诸多让人焦虑的"不适当"行为以及学校这些年的让家长拍手称赞的年级混搭"自主春游"活动，如何为每个孩子提供促进

---

[1] 本研究为教育部教育科学规划2009年度研究课题"基于差异的教育：现代学校的课程与教学研究"（编号FFB090681）成果之一，本成果获上城区2013年度教育科研成果一等奖，杭州市第11届中小学、幼儿园德育优秀论文（成果）评选一等奖，浙江省中小学德育论文评比一等奖。

"交往历练"的活动性德育课程应该成为学校研究的一个重点。

佩恩（Payne，2001）指出：不同的社会经济群体，对教育的价值观念是不同的，中产阶级以上的家庭会更加重视孩子的人际交流。[1]柯图拉克（Kotulak，1996）进一步指出："白领家庭的孩子通常平均每小时听到的词汇量是2100个，工人家庭的孩子听到的是1200个，而在领社会福利金的家庭中这个数字为600。"[2]由此我们看出，家长对"交往"的关注有其社会经济的背景。我们来看一下学生家长的学历结构及职业结构：

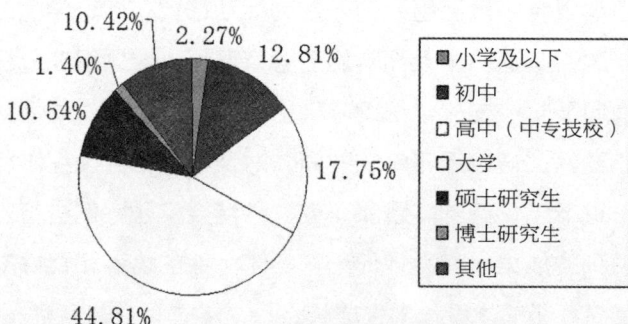

图1　学生家长学历结构

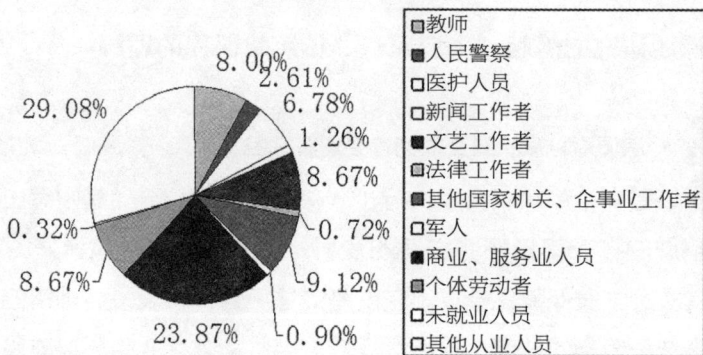

图2　学生家长职业结构

---

[1] 唐娜·沃克·泰勒斯通. 学生的差异在哪里[M]. 吴燕飞，译. 北京：教育科学出版社，2013.

[2] 唐娜·沃克·泰勒斯通. 学生的差异在哪里[M]. 吴燕飞，译. 北京：教育科学出版社，2013.

2. 一种趋势：德育课程的活动性倾向

美国实用主义教育家杜威主张德育过程是受教育者的活动和生活的过程。他指出"教育即生活"，在德育过程中通过活动培养受教育者的品德。这是他的"做中学"理论在德育过程中的运用，他指出"一切教育都能塑造智力的和道德的品质，但是这种塑造工作在于选择和调节青年天赋的活动……这种塑造工作……是要通过活动进行塑造"。[1]

在现代德育课程改革的趋向上，相对于其他课程，德育课程有着自己的特点。德育课程的改革发展主要有两个方向：其一是在内容上和目的上走向生活；其二是在教育方式和课程设置上走向综合化。多数学者认为德育更多的应该是一种体验而非单纯的学习。"道德教育课程的目的不是简单的要传授某一方面的知识或知识体系，它的目标在于价值观念的确立、态度的转变，以及正确的道德信念和行为方式的形成。"[2]

3. 一个使命：交往是对学校文化内涵的丰富

随着知识经济时代的到来，学校的本质越来越由"知识传授"为重点向"人际交往"演进。交往的基本属性是互动性和互惠性。师生间、学生间动态的信息交流，通过信息交流实现师生互动、相互沟通、相互影响、相互补充，从而达到共识、共享、共进，这是教育的真谛。人总是在同他人的交往中度过自己的生命历程的。康德曾指出："人有联合他人的倾向，因为他在和人交往状态中有一种比个人更丰富的感觉，感到更能发展自己的自然禀赋。交往是一种目的性的活动，它蕴涵着交往主体的价值取向和理想，这一方面表现于交往对象的选择，另一方面表现为交往主体不断以理想的交往形式批判与改造旧的交往形式。"[3]

学校在架构学校活动性德育课程的过程中，不断融入社会变革的要素，力图探索一条从学生实际出发，使学校活动性德育课程与人的智力和

---

[1] 约翰·杜威. 民主主义和教育[M]. 王承绪，译. 北京：人民教育出版社，2001.

[2] 檀传宝. 学校道德教育原理[M]. 北京：教育科学出版社，2003.

[3] 肖川. 简论教学与交往[J]. 教学与管理，1998（10）.

认识发展规律相适应，与人的心理发展规律相适应，力求为不同的学生提供不同的课程，使每个学生获得适合其本人所具备的条件及心理需求的课程效益，从而实现自我价值，培育学生独特的精神生命，使每个生命在活动性德育课程中成长。

二、课题研究设计：基于交往的活动性德育课程研究架构

1. 概念界定

（1）活动性德育课程

一般认为，德育课程包括三类课程：认识性德育课程，活动性德育课程和隐性德育课程。活动性德育课程是以学生的兴趣、需要和能力为基础，利用校内外的教育资源，通过学校组织或学生自己组织的一系列活动，旨在增进学生的道德认识和实践能力，改善其道德生活而实施的德育课程。

（2）交往

在社会学层面，交往主要指特意完成的交往行为，通过交往行为形成特定的社会联系；在哲学层面，交往是指人所特有的相互往来关系的一种存在方式，即一个人在与其他人的相互联系中的一种存在方式。

2. 理论基础

（1）人的活动学说是活动性德育课程的哲学基础

马克思的人的活动学说是活动性德育课程的哲学基础，马克思认为活动是人存在的根本方式，是人本质的显现。马克思把社会、社会现象看作"自由自觉的活动"的结果，认为应通过揭示人的活动及其发展寻找社会发展的动力和基础，人的本质是一切社会关系的总和，而这些关系正是由人的活动构成的。德育既是一种社会现象，但又不同于其他社会现象，德育是以规范人的活动为内容的社会现象。因此，活动性德育课程既能体现人的本质，又与德育的本质一致。

（2）交往理论是活动性德育课程的社会学基础

哈贝马斯的"交往理论"认为：在现时代条件下，交往应该被赋予更

为重要的价值表示和地位，因为劳动虽然也包含着人与人的关系，但其主导取向是人与自然的关系，是以生产力的提高为尺度的。而就人自身的发展来说，平等互信的交往和沟通具有更为深远和高尚的人本主义价值，一定程度上暗合了人类社会进步的方向。但是这种劳动与交往的总体合理关系并未建立。[1]交往理论把教育过程视为一种交往过程，即教育过程是教师与学生借助各种中介而进行的认知、情感态度、价值观念等各方面的人际交往和相互作用的过程。哈佛大学的加德纳教授在《智能的结构》中把人际关系看作是人的一项重要智能，坚持在中小学进行有关的教育实验，培养学生与人相处和交往的能力，即觉察、体验他人情绪和意图并据此做出适宜反应的能力。

（3）活动心理学是活动性德育课程的心理学基础

活动性德育课程有其心理学上的依据。活动是皮亚杰发生认识论体系的逻辑起点，他提倡在教学中采用活动的方法。人的素质的形成是一个内化和外化的过程，而内化、外化的过程就是一个活动的过程。德育就是一个将外在的政治、思想、法制、道德的规范和意识内化为个体的品德，个体再在活动与交往中将这些社会规范和意识外化于社会的过程。苏联列昂捷夫的"活动——个性理论"理论认为："人的意识和个性都产生于活动，活动是意识和个性的决定因素。他认为个体在活动中作用既改变着外部世界，也改变了自己。因此，活动决定着学生成为什么样的人，活动是品德发展的基础，是促进内外交流的基础"。[2]

[1] 哈贝马斯. 作为"意识形态"的技术与科学[M]. 上海：学林出版社，1999.

[2] 李沂. A.H.列昂捷夫的活动理论[J]. 心理学报，1979（5）.

3. 研究框架

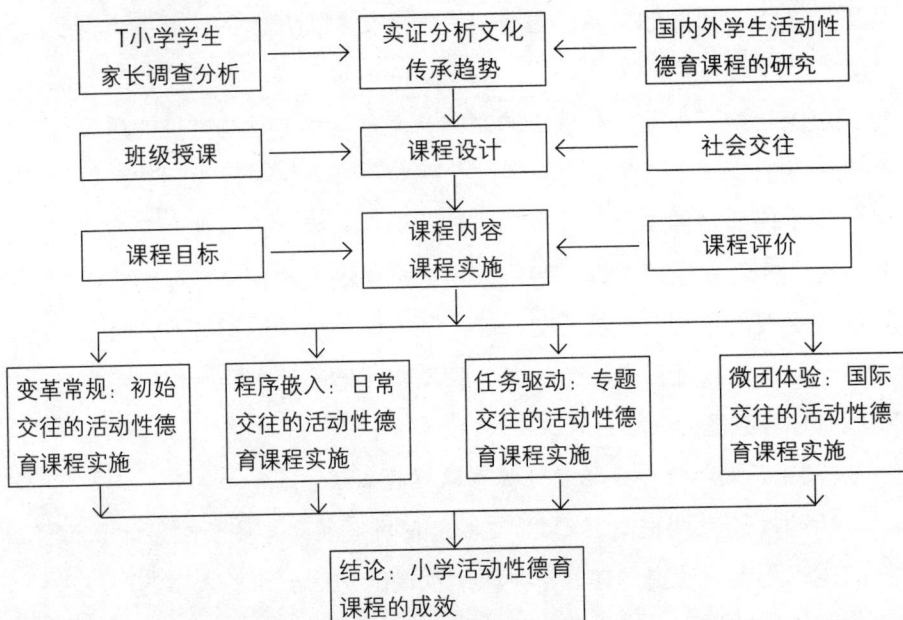

图3　本课题的研究框架

（1）课程目标的视角：为学生交往取向提供可能性

通过各类交往性活动，使学生具备基本的交往意识，掌握基本的交往礼仪，乐于参加交往性活动。在各类社会交往性活动中，学会尊重，学会合作，学会展示个性差异。培养学生通过生活涵养德性，并使之成为勇于在生活中实践德性的道德主体。

（2）课程实施的视角：提供丰富的有利于学生交往的载体

以学生校园生活为主渠道，让师生基于各自的生活经验，在完整的生活情境之中展开对课程的理解，发挥交往性德育课程本身所具有的教育价值与作用，让德性在交往的过程中自然地生成并展开。让儿童在与别人的现实关系中进行道德交往，实践道德行为。

（3）课程评价的视角：评价每个学生交往的过程

德育活动性课程要进行价值上的抉择，并非人与人之间能动而现实的交往实践过程就是自足的、完善的，也不是所有的交往对德育来说都具有同等的意义。基于交往的活动性德育课程直面生活本身，从促进学生道德发展的角度对交往活动进行审视以充分挖掘不同交往的教育意义。

4. 研究方法和过程

本课题研究主要运用的研究方法有文献研究法、案例研究法、行动研究法、经验总结法。

本课题研究的启动始于2010年，全国教育科学规划办将"基于差异的教育：现代学校的课程与教学研究"课题正式立项，课题编号FFB090681，研究大致可以分为五个阶段：

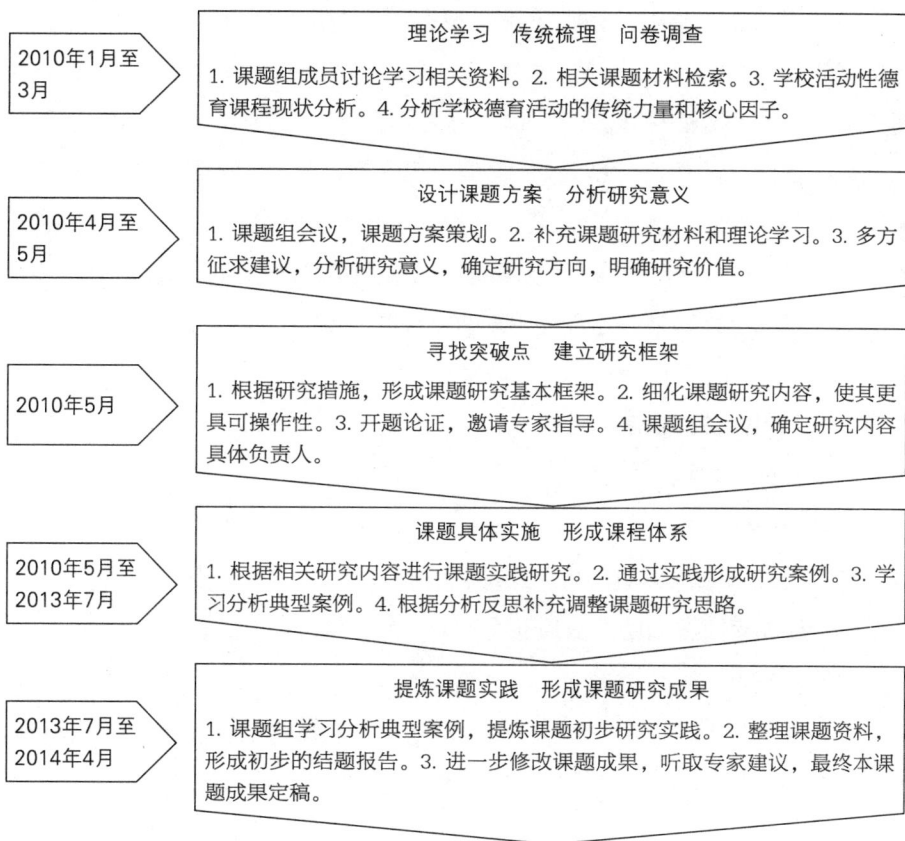

2010年1月至3月	理论学习　传统梳理　问卷调查 1. 课题组成员讨论学习相关资料。2. 相关课题材料检索。3. 学校活动性德育课程现状分析。4. 分析学校德育活动的传统力量和核心因子。
2010年4月至5月	设计课题方案　分析研究意义 1. 课题组会议，课题方案策划。2. 补充课题研究材料和理论学习。3. 多方征求建议，分析研究意义，确定研究方向，明确研究价值。
2010年5月	寻找突破点　建立研究框架 1. 根据研究措施，形成课题研究基本框架。2. 细化课题研究内容，使其更具可操作性。3. 开题论证，邀请专家指导。4. 课题组会议，确定研究内容具体负责人。
2010年5月至2013年7月	课题具体实施　形成课程体系 1. 根据相关研究内容进行课题实践研究。2. 通过实践形成研究案例。3. 学习分析典型案例。4. 根据分析反思补充调整课题研究思路。
2013年7月至2014年4月	提炼课题实践　形成课题研究成果 1. 课题组学习分析典型案例，提炼课题初步研究实践。2. 整理课题资料，形成初步的结题报告。3. 进一步修改课题成果，听取专家建议，最终本课题成果定稿。

图4　本研究实施的流程图

三、实践探索：基于交往的活动性德育课程研究实施

美国著名课程专家古德莱德认为课程分五个层次：一是理想的课程，即由研究机构、学术团体和课程专家提出的应该开设的课程；二是正式的课程，即由教育行政部门规定的课程计划、课程标准和教材，我们平时在课程表中看到的课程即属此类；三是领悟的课程，即任课教师所领悟的课程，这种领悟的课程可能与正式课程之间会产生一定的距离，正所谓"一千个读者就有一千个哈姆雷特"；四是运作的课程，即在课堂上实际实施的课程，在实施中，教师常常会根据学生的反应随时进行调整（这就是所谓的互动吧）；五是经验的课程，是学生在课堂学习中实实在在体验到的东西，也即课程经验。

从古德莱德的课程层次理论中，我们不难发现，领悟的课程、运作的课程，尤其是经验的课程，才是真正意义上的"创生性课程"。古德莱德的"课程层次说"实际上揭示了课程从理论到实践的运动形态，使人们对"课程"概念的理解从静态的角度转换到动态的角度。

（一）课程目标和内容的建构

1. 课程核心目标

（1）玩出名堂

通过各类交往性活动，使学生具备基本的交往意识，掌握基本的交往礼仪，乐于参加交往性活动，提高动手能力、合作能力和解决问题的能力。

（2）发展个性

在各类伙伴交往和社会交往性活动中，学会尊重，学会合作，学会展示个性差异，在与伙伴的交往性学习中成就差异。

2．课程系列目标及内容

表1　基于交往的德育活动性课程目标和内容

	课程目标	课程内容	适用年级
初始交往	认识新伙伴，熟悉新校园，了解新老师，交流彼此美好的心愿，学会表达喜欢老师和同学的友好情感	入学课程："我是寻找王"	一年级
		元旦游园	每个年级
日常交往	在社区和家庭学会交往礼仪，使用文明礼貌用语，生活中做到尊敬师长、礼貌待人。在校园公共空间能遵守规则，心中有他人	××礼仪9条	每个年级
	在伙伴面前勇于展示自己，寻找榜样，培养小主人意识	海选小干部	每个年级
	学会友好相处，友善地对待他的优点和缺点，利用自己的长处在互相关心和帮助中培养爱心	"学长制"跨班展示	每个年级
	展示自己的特长和兴趣爱好，和相同兴趣爱好的同学交流彼此的学习体会，学会共享	"十分讲坛"	五、六年级
专题交往	结识其他班级的小伙伴，主动为小伙伴着想，初步懂得真诚友爱和协商解决问题的道理	"自主春游"	二、四年级
	通过述说并实现自己的"微心愿"，或帮助别的伙伴实现自己的"微心愿"，体会伙伴的友谊，增强群体友爱互助的影响作用	"微心愿·我的梦"交往驿站	每个年级
	找到自己的好朋友，了解、关心小伙伴的学习和生活，与他或她一起开心地学习和娱乐	伙伴节"伙伴"当家	每个年级
	互相尊重爱好和生活习惯，尊重权利和意见，尊重劳动和创造。在相互关心和赞赏进步中增进关爱情感	到伙伴家做客	三到六年级

续表

	课程目标	课程内容	适用年级
国际交往	拓展视野，促进不同社会文化背景的不同国家和人们之间的相互了解和交往，尊重、理解不同国家的文化，成为真正拥有世界竞争力的未来公民	韩国游学 美国游学 中韩夏令营	四到六年级
	展示中国和杭州的文化特色，体验中国城市的生活，学会用简单的英语和国际友人打招呼或进行简单的介绍，学习接待国际友人的基本礼仪	接待国际访客	四到六年级
	体验独特文化，尊重各国的文化活动。学校文化覆盖每个学生的文化背景	万圣节活动	每个年级

（二）课程实施的构建

学校在"交往"思想的引领下，重新整合德育实施内容和路径，构建了以"任务驱动、微团体验、常规变革、程序嵌入"为特征的四类课程实施，将德育的四个基本方面（知、情、意、行），通过四类主题：初始交往、日常交往、专题交往、国际交往，在各个年级和教育教学的各个时机有序实施。

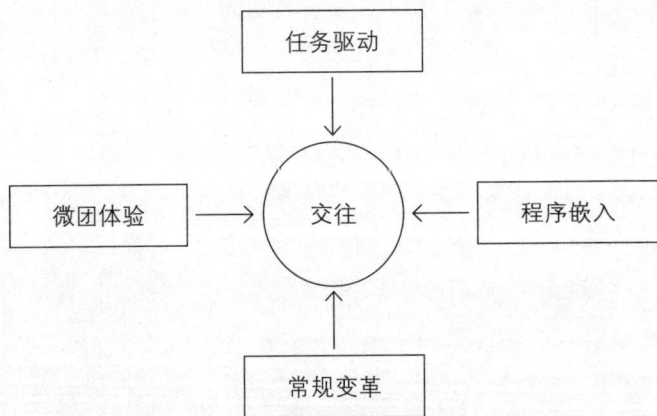

图5　基于交往的活动性德育课程实施建构

1. 常规变革：初始交往的活动性德育课程

学生的交往具有独特的意义，随着知识经济时代的到来，学校的本质越来越具有从"知识传授"为重点向"人际交往"演进的倾向。不同年龄段的交往具有"社会交往"的意义，学生在这些真实的交往中学会协商、学会领导、学会合作。

常规变革的活动性德育课程主要是指在原有常规活动的基础上，增加"交往"的因子，对活动进行重新架构和审视，使整个活动性德育课程在实施的过程中，充分关注孩子的"交往"，达到在真实的情境中"交往"的目的。

（1）常规变革的活动性德育课程实践典型案例举隅

📋【案例1】游园活动

游园活动是学生十分喜欢的交往形式，操作也相对简单，为很多学校所采用。但××在进行游园活动中，为学生增加了选择和交往的可能，我们把学生寻找自己的伙伴并一起协作完成任务的项目分数设置成最高，这样，学生寻找伙伴"加盟"的热情就高涨起来，向别人学习自然也成为一种美好的体验，更加丰富了活动的教育意义。

📋【案例2】海选干部

在正式的岗位竞选之前，鼓励孩子自己制作宣传海报。在海报的最后，设立嘉宾推荐一栏。鼓励孩子寻找自己觉得重要的人，请他（她）来对自己的竞选写几句话。这样，就赋予了竞选干部活动的"交往"意识，孩子一定会去寻找自己觉得重要的人来做推荐，有的甚至还会通过自己的家庭寻找到各行各业的佼佼者，而在和这些人的交往中，学生一定会体验到更多在课堂中没有学到的知识。

📋 【案例3】到伙伴家做客

学校改革了原来开学典礼后班级进行"新学期新打算"的程序，改成在开学典礼活动后，开展"欢迎来我家"亲近伙伴主题活动，通过交往学会寻找身边的伙伴，建立起融洽的伙伴关系。学生要先联系预约，走访或接待一位小伙伴。在活动中，孩子们要完成"四个一"：准备一份小小的礼物；送上一句新学期祝福；制订一份新学期计划；开展一次伙伴创意活动。在整个活动交往中，孩子在温馨怡人的环境中愉快地学习、生活，健康地成长。

📋 【案例4】"我是寻找王"

每位进入天长的孩子一年级一开学就会经历一次难忘的交往活动，这就是"我是寻找王"。别以为这是浙江卫视的"寻找王"，这可是老师特地为一年级学生和家长设计的天长小学校园地图。地图中有"一年级老师办公室"、"低年级阅览室"、

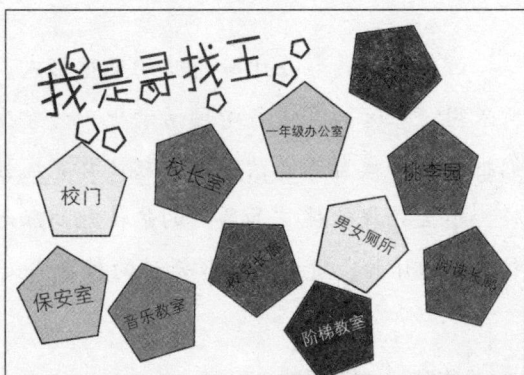

图6 "我是寻找王"示例

"操场"、"校史长廊"、"校长室"、"传达室"、"男厕所"、"女厕所"等。为使孩子能顺利适应新的学习环境，我们创设了这样一个活动，让家长和孩子在一起寻找的过程中熟悉、认识天长。孩子在整个寻找过程中需要邀请校长和他合影，需要向不同的高年级同学询问不同的地点，需要和一年级的老师打招呼。当家长看到孩子通过努力找全地图上的所有地点时，孩子已经完成了很多交往性活动，老师也可以从中发现孩子交往能力上的优势和潜力。当孩子从班主任老师手中接过一份精美的小奖品时，他能体会到这是他自己努力得到的奖励。

（2）常规变革的活动性德育课程思考

周洪宇教授在接受《中国教育报》采访时表示：第三次工业革命需要教育强调社会情绪能力。社会情绪能力是指对自己情绪的认知和控制，与他人一起工作时的互动、理解、合作和综合解决问题的能力。而学生的这些能力的形成，有赖于学校教育的引领和实践，让每一个学生展示自己的所长，分享别人的体验。我们设计的活动机制以及将之付诸实施的独特价值就在于为学生提供体验和实践的平台。

在初始交往中，最需要我们关注的是孩子"交往"的热情。只要孩子愿意交往，就应该得到积极的鼓励。最需要克服的是对孩子的不放心，有一些老师或者家长没有体会到活动的内涵，进场提醒，甚至帮助孩子完成整个活动过程，这样，学生只收获了结果，而没有体验其中最重要的过程。

任何活动都有交往的意义，作为教师要有敏锐的"教育感"，即迅速地把自己所经历的事情进行教育的解读，并从教育学理的角度进行把握。由于学生们在一起朝夕相处，语言、心理比较接近，相互之间更容易沟通，也更容易接受，故而这种教育形式有时能取得比较好的效果，在现行的班级授课制下也更容易实现教育对象的广泛性和教育机会的最大化。同时，这种教育形式不仅教学反馈快，而且在激发学生学习动机、促进教学的双向有效性方面更有着不可替代的特点。

2. 程序嵌入：日常交往的活动性德育课程

在学生成长过程中，作为教育者的最大困难在于和孩子一起寻找适合他成长的路径，所以很多人都说要"走进学生的心灵"，但是，现实中的"班主任管理"是一种垂直的管理模式，教师面对个性差异很大的学生群体，在实践中不可能在班级授课制的前提下实现"个性化教育"。同时，教师的年龄和生活经历等各种元素，又限制着教师走进儿童真实的心灵世界，这就给学生成长的领域留下了一个真空地带——学生之间的横向学习和交流。如何将交往因子蕴涵在校园日常生活中，这非常考验教师的教育智慧。

（1）程序嵌入的活动性德育课程实践典型案例举隅

📋【案例5】"十分讲坛"

"十分讲坛"是学校大队部为学生打造的一个类似"百家讲坛"的栏目，每期十分钟。一些班级将"十分讲坛"作为午间谈话类的"微型课程"，经过几年的实践，为学生的差异发展求得了各种可能。一时间，"美滋美味"、"黄家植物园"、"小杜动物园"、"纸上谈兵"、"世界未解之谜"、"历史望远镜"、"一周新闻播报"、"元素大爆炸"、"今日传奇"、"急诊医务室"……共计二十余个专题讲坛相继开讲。历史、地理、军事、美食……真是包罗万象，班级里的同学在展示自己的长处的时候，也从别的同学那里得到很多教益。

📋【案例6】"小先生制"

"小先生制"是陶行知开创的小孩教小孩的一种教育组织形式。小楼是今年开春从北京一所英国人办的国际学校转来的，中文基础不好但却擅长体育竞技；而小徐则是一个学习成绩非常优秀，擅长语文表达但不擅长体育运动的学生。如何让他们实现优势互补呢？我们利用"朋辈学长"的顾问机制让他们成为共同进步的成长体。当小楼碰到问题想不出来，就会去问"学习顾问"小徐；当小徐在体育运动过程中遇到难题时，就去请教小楼，从而实现了两者的互助互补，促进了他们共同进步。

📋【案例7】跨班交流

跨班交流强调在交往中体现不同年段学生的不同风采，尤其是低段学生与高段年级的交流，不仅让低段学生获得交往体验和自信，高段学生也可以从学弟学妹们身上寻找自己的学习灵感，获得启迪和成长。跨班展示活动为学生创造了更多的交流和展示机会，学生的自信、大方正是在一系列这样的活动中逐渐培养出来的。最近两年，各班的跨班交流活动蓬勃开展，如2011寒假结束后，学校分年段进行特色"年俗秀"展示。一至二年级跨班交流，四至六年级跨年级进行交流。

图8　五年级到三年级跨班交流学习经验

图7　二年级正在跨班进行好书推荐

（2）程序嵌入的活动性德育课程思考

著名神经心理学家吉尔科默·里左拉弟发现，人的大脑中存在着一种特殊的神经元——镜像神经元，它所担负的功能是"追求与他人的一致性"。通过对一个月大的婴儿、猴子等有关模仿性的大量实验研究，他指出："镜像神经元的存在显示了我们对他人在我们周围环境中的所作所为会建立一种生物学反应。无论一个人把自己想象为多么完全独立而分割的个体，实际上每一个人都注定了更要模仿别人，每一个人所学到的一切都在一种社会关系和我们所身处的群体中不断被点缀、丰富。"

日常交往的推动在城市教育中，还有一个很大的功用，就是它弥补了独生子女时代，学生们兄弟姐妹概念的缺乏和同龄人之间比较亲密的交往的缺乏，而兄弟姐妹般之间的交往，不论是对高段学生的责任心培养，还是低段学生的榜样认同，都具有积极的意义。

在推进和研究日常交往的过程中，我们发现，寻找合适的载体可以更大程度地激发学生的参与热情，学生们有了更多的选择和展示的可能：有了趣味相投的团队、有了共同探求的话题……故而产生了前所未有的学习激情，让学生们能够根据自身需要和兴趣爱好，自由地选择参与不同的活动，在交往中找到自己的朋友，从而弥补了现有教育制度下资源分配不足的缺憾。

3. **任务驱动：专题交往的活动性德育课程**

根据学校文化传统和对学生成长的思考，在"交往"的领域里，进行专题的活动性课程设置和开展，有目的地推进学生在丰富真实的交往活动中掌握基本的交往常识、发展初步的交往技能、拥有积极的交往行为、培养良好的交往情意，具有十分积极的作用。

（1）任务驱动的活动性德育课程实践典型案例举隅

📋 【案例8】 "伙伴节"

天长小学举办了首届"伙伴节"。每位小朋友身边的伙伴，都不是自己班级里的同学，他们必须自己寻找校园里其他班级的小伙伴做搭档，并且共同完成造型设计、购买服装道具等任务。五年级3班的金奕枫就找来平常一起坐公交车上学的3个小伙伴，他说，伙伴4人原本就互相认识，都不在同一个班，学校要搞"伙伴节"，他们立刻想到了对方。"我们为了今天的展示排练了一个多月，现在更加经常在一起玩了。"一个"伙伴节"，让有的同学与好朋友更亲近了，还有的同学则收获了原来素不相识的伙伴。三年级6班的陈龙泽同学就在伙伴节上认识了一个新朋友。"如果没有这个活动，我应该不会去主动认识他，我很高兴"他说，伙伴是孩子成长中重要的角色。城市里独生子女家庭居多，导致孩子之间"交往"的缺失和发现自我、认识他人的路径缺失。开办"伙伴节"，使得孩子们必须与伙伴在协商下完成任务，在这个交往的过程中，他们能学到尊重、帮助、合作，比起口头上说教式的强调，效果好很多。

📋 【案例9】 "微心愿·我的梦"交往驿站

为了身边的小伙伴拥有更多的互相帮助和交往的机会和可能，学校设立了"微心愿·我的梦"交往驿站。每个月的第一周，学校都会在学生中征集一些心愿。心愿征集分两个层面，一个是班级层面：学生提出了愿望，譬如希望能一个人看一天书，譬如希望和某位同学坐在一起，这些愿望都能在班级中得到实现，小伙伴会通过自己的交往达成心愿。第二个层面是把一些在班级中不能实现的愿望粘贴在学校设立在操场的活动式"交往驿站"中，如果全校哪位同学或老师觉得自己可以完成他的心愿，就会拿着这个"心愿卡"去找他，帮助他完成心愿。每个月的这个时候，孩子们都会三三两两地到"交往驿站"看一看，很快就会有很多愿望实现了。

【案例10】我的春游我做主

2010年，天长小学四年级的150多名学生经历了一次不一样的春游：4个班级的学生混合编组，按照学号，每班的1、2号组成一个全新的小组，在自主推选产生的小组长带领下到浙江博物馆参观，在孤山公园开展"寻宝活动"。这次活动，学生们很开心，打破了原有班级内学生一起活动的界限，接触并结识了更多的同学，尤其是"寻宝活动"，更考验了他们的团队协作精神。

图9　自主小分队"按图索骥"

二年级4个班级、四年级4个班级共300名学生，被拆分成39个小组，平均每个小组8名队员，来自不同的班级，由四年级学生带着二年级学生，根据学校设计的专用地图，从学校出发，徒步前往约5公里之外的春游目的地。每队同行的2名家长志愿者，对学生出现的问题、面临的困难等均不进行干预，让学生学会自己解决问题。为避免学生和自己的家长在一起可能会有的依赖心理，学校所邀请的家长志愿者均被分到其他孩子的小队里，让参与活动的每一个学生真正体验小组合作、分工以及探究带来的快乐。

图10　自主小分队顺利抵达终点

（2）任务驱动的活动性德育课程思考

面对当前的信息时代，国际21世纪教育委员会指出：教育必须围绕四种基本的学习能力来重新设计和组织，即"学会求知"、"学会做事"、"学会共处"、"学会做人"，[1]而其中，"学会共处"将是21世纪的重要特征，因为全球化已势在必行，人与人之间、民族与民族之间、国家与国家之间互相依存的程度越来越高，这就更加要求人们和平共处、共同工作、加强交往。这就要求我们要重视培养受教育者在人类活动中的交往合作精神。

教育交往是交往的一种特殊形式，它将最终指向学生整体生命的建构。教育中的交往是一个有目的的活动过程，它是师生之间或是生生之间为了协调、沟通、达成共识、联合力量去达成某一个目的而进行的相互作用。同学与同伴可以满足学生的心理需要和情感支持。同伴之间的交往能够满足学生的多种心理需要，比如学生都具有强烈的被同伴接纳和认可的团体归属需要，这种需要可以通过同伴交往得到满足。正如苏联的一位心理学家所言："孤独的体验对少年来说是沉重的和不能承受的。"[2]正是通过与同伴的交往，学生可以感受并学会理解别人的情绪体验，从中发现真正的朋友和友谊，获得情感上的支持，产生安全感及对同伴、对团体乃至对社会的信任感。

4. 微团体验：国际交往的活动性德育课程

由于社会结构发生的剧烈变化，当今中国学生普遍缺乏伙伴，社会性发育不够完善，导致其户外活动、伙伴交往性活动的缺失，这给当今中国儿童的成长造成一定的影响。在这样的背景下，开发基于交往的课程就显得尤为重要，而国际理解教育视野中的中美交流就具有这样的价值。2009年10月，楼朝辉校长随上城教育访问团访问印第安纳州，参观罗比小学，并与罗比小学签订友好条约。2010年8月起，我校先后有90余名学生赴美参观学习、体验生活，感受文化差异。

---

[1] 联合国教科文组织国际教育发展委员会. 学会生存——教育世界的今天和明天[M]. 华东师范大学比较教育研究所，译. 上海：上海译文出版社，1982.

[2] A·B·彼得罗夫斯基. 年龄与教育心理学[M]. 北京：教育科学出版社，1999.

（1）微团体验的活动性德育课程实践典型案例举隅

【案例11】接待国际友人

杭州市天长小学作为杭州市的对外开放单位，经常接待来自世界各国的国际友人，我们把这作为学生成长的重要契机，同时和美国、韩国校际交流整合，形成了一系列交往的礼仪，使学生在接待的过程中学会沟通，学会尊重。

国际友人来访时各班欢迎仪式及教室等布置：提供关于对方国家、地区的基本常识，安排学生在班级门口做适当的布置表示欢迎，准备和国际友人交换的有中国特色的小礼物等。

国际友人来访时的学生翻译：学生用英语和来访者之间进行简单的互相交流，一起玩中国孩子的游戏等。

如果有家庭接待，家庭接待的细节安排：准备介绍杭州文化，准备在美国（韩国）孩子入住的房间门上写上孩子的名字和欢迎标语，将自己在美国（韩国）期间的合影作为房间的摆设等。

【案例12】中韩夏令营

中韩夏令营由韩国在杭大学生和天长小学学生、杭州一所民工子弟学校学生组成，从2007年开始，已经举行了七届。在夏令营一周的时间内，学生与韩国的大学生以及不同地方的小伙伴，一起生活，一起交流，每次结束的时候，他们都是感慨万分。小伙伴以新的班级为组织形式，成为一个新的团队。

一位学生这样描写闭幕式——

昨天晚上，我们迎来了一次盛大的晚会。邀请了爸爸妈妈爷爷奶奶们一起来到我们的教室参加韩语文化课的观摩，把我们学会的简单语言教给家长们。复习"心情"这个部分的时候，每个人都画了"表情小人"，分别代表爸爸和妈妈，哈哈，真有趣！我画的是犯困的爸爸和微笑的妈妈。当老师请到我时，我站起来大声说道："因为爸爸每天工作很忙很辛苦，所以总是困困的，妈妈每天很开心，所以是笑眯眯的。"

接下来，我们手拉手一起来到了大大的礼堂，在我们的热情邀请下，爸爸妈妈爷爷奶奶们都纷纷走下观众席，跟我们一起合作，来参加韩国传统游戏——打纸牌！大家既紧张又开心，一次次合作，一次次胜出，最终，我们3班和1班脱颖而出，获得优胜！

兴奋、欣喜之余，大家一起在欢声笑语中合影留念，互通信息，享用韩国小老师们早早精心配制好的美味佳肴，清淡又营养，真好吃！快结束时，中韩文化院的院长笑眯眯地走过来，我还用韩语跟他打了招呼，并握手合影！

【案例13】美国游学

天长小学和印第安纳州罗比小学的交流，已经超越了一般的游学概念，而是成为学生学习和成长的一个独特的部分。学校为了进一步提升游学的教育内涵，设置了系列的微型课程，使学生在游学前、游学中、游学后，都有足够的交往空间和机会。

图11 早晨和美国的孩子在一起亲热地交流　　　图12 接受当地媒体的采访

在出访前的微课程学习中，学生需要和游学伙伴一起查找美国概况，包括简要历史、重大节日、流通货币、流行文化、餐饮特色等；明白游学行程，包括自我救护、文明礼仪、生活能力、行程安排等；并和小伙伴一起学习交往所用的日常语言，包括在飞机、餐厅、购物等地点可能使用的语言知识。

在游学的过程中，学生需要自己拍摄各类照片，及时与国内的家人和伙伴分享；记录学生在美的各类交往活动及通讯交流。

在游学结束后，我们将充分运用跨年级和班级交流机制，让游学回来的同学向自己的学弟学妹介绍自己的收获；通过××报告，学生将自己的游学体验与全体教师做交流。

（2）微团体验的活动性德育课程思考

"国际交往"活动性德育课程改变了学生的学习方式，让学生走出课堂，走向社会，锻炼自己，亲身实践，体验成功与失败。它有助于培养学生的创新精神与实践能力；培养学生关心国家命运、社会问题、环境问题，关注社会需要并积极参与社会生活，服务于社会的意识；培养学生的爱国主义精神，形成社会责任感；培养学生互相合作的精神。学生受到的教育面更广了，信息量更大了，展示与锻炼的机会更多了，自然而然，学生也就更大胆、更自信了。

与同学同伴交往为学生提供了学习他人反应的机会。学生在与同伴交往中学习如何与他人建立良好关系、保持友谊和解决冲突、怎样给予和接受帮助、怎样对待敌意和专横、怎样对待竞争和合作、怎样对待领导和被领导的关系、怎样处理个人和团体的关系。这样，学生就逐步摆脱了狭隘的自我主体性，而关心他人如何看待自己，关心自己在同伴心目中的形象以及自己在同伴交往中的地位的问题。这种社会能力的培养为学生适应社会打下了良好的基础。

（三）课程评价的建构

教育评价的核心是教育价值观，从某种意义上说，不管教育评价的内容和形式怎么变化，从"深层次"看来，评价就是教育价值观的"表层化"和"具体化"。

1. 初始交往：更多关注交往兴趣和家庭评价

家庭是学生的第一学习场所，所以从某种意义上说，家长也是学生的第一评价者。曾一度在社会上引起高度关注的所谓教育"5+2=0"的讨论，某种意义上就是因为家长的评价导致学生某些教育的缺失。

家长参与式评价对学校教育工作和学生的发展具有积极的促进作用，我们应该更好地利用这一评价形式，提升教育工作质量。所谓"家校联动"就是指学校与家庭在目标认同、情感融洽、信息沟通的基础上，互相配合、互相支持、协调一致的互动学习与培训活动；并且在现代家庭教育理念指导下，以提高家长现代育人素质为重点，突出家长的主体地位，提供多元化、个性化的评价内容和形式的家庭教育评价新模式。

这是家长集体参与的评价，这完全不同于学校内的评价，这类评价只有一个很简单的目标：参加活动，对孩子的交往表示支持和肯定。

2. 日常交往：更多关注活动过程的描述性评价

从教育维度看，活动有助于教师对学生在体能、感知、语言、社会性等方面的发展进行描述性评价。活动往往包含许多关于自然和社会的知识，活动的过程，是认识生活、了解他人、亲近社会的过程。人本主义心理学家马斯洛认为："当儿童生理的、安全的需要得到满足时，儿童就渴望自己有所归属，成为团体中的一员，渴望在团体中与他人间建立深厚的感情。"[1]学生的社会性评价，如学会协调与组织、团结与协作、牺牲与分享、援助与服从、理解与宽容等，形成有益的责任感和集体意识，只有在活动中才能完成。

活动使教师有更多的机会观察学生。在活动中，教师描述性评价的内容包括学生的学习、探索过程，分析学生为什么这样做。这些评价的开展，不仅有利于教师了解学生的认知发展水平，同时也有利于了解学生社会性情感及其他方面的智能强项；不仅有利于了解学生的经验背景，同时也有利于了解学生富有个性特质的学习风格；不仅有利于了解学生外显的建构结果，同时也有利于了解学生内隐的建构过程。

3. 专题交往：更多关注自我效能感的展示性评价

展示性评价的目的在于强化学生在日常交往中的自我效能感，孩子会因为学校中交往的成功而更加自信。当我们希望不同的学生交流不同的年

---

[1] 亚伯拉罕·马斯洛[M]. 许宝声，等译. 北京：中国人民大学出版社，2012.

俗时，是希望不同的学生产生对不同地域文化的热爱与对自己地域文化的认同。在交流的过程，既有自我的认同——对全新的同学展示，他们认真倾听了吗？自己讲清楚了吗？他们的感受和自己一样吗？同时，也有外显的激励性评价——被老师选中（当然，每个学生都会被老师选中，选择的过程也是从教育意义着眼的，并不只是在班级里选几个会讲的同学去说一说，而原来我们一般都是这样做的）和同学的掌声。这种交往甚至还具有更长远的意义，就是会结交不同班级的伙伴。

展示性评价其实具有某些目标游离模式的要素，目标游离模式是M. 斯克里文针对泰勒的目标评价模式而提出来的。斯克里文主张降低评估活动中方案、计划制订者的主观意图的影响，不能把他们的活动目的告诉评价者，作出评价依据，是活动参与者所取得的实际效果。这一评价方式将教育视为受教育者个人自我创造、自我实现、自由发展的过程。

4. 国际交往：更多关注质性的全域性评价

全域性评价借用人类学的研究方法，强调各种质性方法的运用，例如观察法、访谈法、问卷法等。在国际交往的全域性评价中尤其看重观察法的作用，强调观察的背景化和情境化，即在国外相对独立的空间的观察结果，因为这一结果是对持续的连锁事件进行多次重复的全程观察，并结合其他方法得到多侧面的全方位信息。这些人类学研究思想的引入，使我们更加趋向被评价对象的真实原貌，获得更全面的信息，而其评价信息对教育实践更具有指导价值。由此做出的评价结论，其依据已经不是单纯借助量化方法得到的与方案制订者预定目标相关的事实，而是在引入质性方法之后，反映活动参与者意图的事实。因此，这种模式下得到的评价结论将是更全面，也更接近被评价对象的本质的。

四、研究成效：基于交往的活动性德育课程研究效果分析

1. 培养全体学生良好的交往能力

交往能力是指对人际关系的感受、适应、协调和处理能力，主要包括表达能力、认知能力和控制能力三个层次。一个学生的交往能力强，就能

与同学进行正常的沟通、合作和竞争，就能同情、尊重和关心他人，就知道怎样影响别人并接受别人的影响、怎样理解并接纳别人的意见、怎样委婉地表达自己的不同意见与看法这些人际关系的交往能力。在交往中，学生的自我认同意识和自我主动性、自我管理能力得到有效提高。

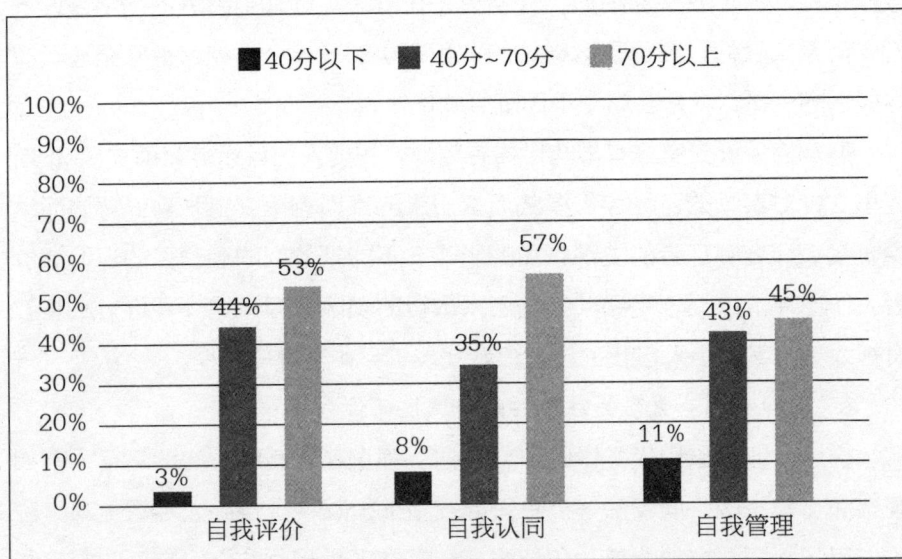

图13　北师大对杭州市天长小学学生自我得分情况的调查数据

从北京师范大学对本校学生自我得分情况的调查来看（见图13）：

自我评价得分在40分以下、40分～70分、70分以上的人数百分比分别为：3%、44%、53%。说明本校自我评价较高的学生人数较多，本校学生对自己的评价较高。

自我认同得分在40分以下、40分～70分、70分以上的人数百分比分别为：8%、35%、57%。说明本校自我认同较高的学生人数较多，本校学生对自己的认同较高。

自我管理得分在40分以下、40分～70分、70分以上的人数百分比分别为：11%、42%、45%。说明本校自我管理较严格的学生人数较多，本校学生对自己的管理较严。

2. 促进教师对教育教学本质的理解

课程的核心主要是教师，或者说是教师对教育教学本质的理解。因为从美国著名课程专家古德莱德的课程层次理论，我们可以清晰地发现，教师与学生的关系才是决定课程的本质力量。教师的任何教育教学工作都以学生的发展为核心指向，教师要关注每一位学生，十分小心地呵护每一位孩子的世界。教师要拥有热情面对所有的教育教学事件；拥抱所有有利于学生的教育教学的改革，对教育教学抱有敏锐和好奇心。教师对教育的本质的不断追求，产生了一系列的学术成果，产生了一定的影响。

表2 2011—2013年课题组教师主要研究成果

论文题目	获奖名称或发表报刊名	奖项级别
选择和交往：差异教育的操作路径设计及实践	杭州市第27届教育科研成果	一等奖
差异教育：让学生禀赋自由生长	《中国教育报》	
选择和交往：差异教育的操作路径设计及实践	2011年度浙江省教育科学研究优秀成果	一等奖
每个人做校园生活的主角	《浙江教育报》	
学长制：差异教育视域下学生成长路径探寻	《中小学德育》	
学长制：差异教育视域下学生成长路径探寻	浙江省德育论文评比	一等奖
我们的价值观	《杭州日报》	

3. 学校社会满意率持续保持高位

由于德育效果在很大程度上取决于教育者和被教育者的心灵沟通，因此，正确认识交往的德育价值，把师生之间、生生之间的交叉交往纳入教育视界，既有利于更新和丰富当代教育理论，也有助于反思单向性的灌输教育模式，从而形成一种更加全面、系统的教育观，这种教育观的直接结果是带来了学校、社会、家庭三者之间的和谐。经调查，天长小学最近几年家长"不太满意"和"不满意"率均为0%，这些数据也很好地证实了这一点。社区居民、社会各界的满意率也近100%。

结　语

交往是为了培养学生的人际沟通能力，同时也是为学生各方面品质的历练提供一个平台与机会。建构基于学生差异的活动性德育课程，促进学生的交往与历练，促进学生有差异的发展，成为教育不容忽视的一个重要方面。从一定程度上来说，这比知识的学习重要得多。让我们来看看学生的感受：

内容：开学第一天，学校举行"伙伴节"的活动，就是让几个小伙伴商量好，到其中一个小伙伴家去做客。伙伴们要一起想有趣的游戏，还要制订新学期的计划。小主人还要给其他小朋友的礼仪表现打个分，并共同制作一张漂亮的小报。这项活动，既增长了我们的友谊，还培养了我们的礼仪。

我的感受：我邀请了三个小伙伴到我家来。我们一起看书、下军旗、玩游戏……玩得十分开心！最后，每个伙伴都笑容满面地回家了。我觉得他们的礼仪都非常棒，给他们打了高分！我们还设计出了一张非常精美的小报呢！

妈妈的感受：学校的这项活动很不错，无论是发出邀请的小主人，还是来做客的小伙伴都玩得非常开心！在游戏活动中，他们感受到了不一样的兄弟姐妹的情谊。现在很多孩子都是独生子女，能让他们多和小伙伴交流，可比玩iPad要好多了。而且小伙伴在活动中，还学到了做客的礼仪。

爸爸的感受："伙伴节"活动既增加了同学们之间的了解，又增进了友谊，非常好！以后有此类的活动，我们一定积极参加！

附　录[1]：

一、活动性德育课程资料集（2010–2013）

　　1. 初始交往活动

　　2. 日常交往活动

　　3. 专题交往活动

　　4. 国际交往活动

二、课题整理及专家指导原始资料

三、相关录像（光盘）

主要参考文献

[1] 夏正江. 一个模子不适合所有的学生[M]. 上海：华东师范大学出版社，2008.

[2] 吕型伟. 天长小学实验组. 直面差异——来自杭州天长小学的教育叙事[G]. 北京：人民教育出版社，2004.

[3] 陈杰琦，等. 多元智能的理论与实践:让每个儿童在自己强项的基础上发展[M]. 北京：北京师范大学出版社，2004.

[4] 龚群. 道德乌托邦的重构——哈贝马斯交往伦理思想研究[M]. 北京：商务印书馆，2003.

[5] 郑召利. 哈贝马斯的交往行为理论——兼论与马克思学说的相互关联[M]. 上海：复旦大学出版社，2002

[6] Sally Berman. 多元智能与项目学习[M]. 夏惠贤，等译. 北京：中国轻工业出版社，2004.

[7] 华国栋. 差异教育论[M]. 北京:教育科学出版社，2001.

[8] 张华. 课程与教学论[M]. 上海：上海教育出版社，2000.

---

[1] 本书未收入该附录。

[9] 金生鈜. 规训与教化[M]. 北京:教育科学出版社，2004.

[10] 联合国教科文组织国际教育发展委员会. 学会生存——教育世界的今天和明天[G]. 北京:教育科学出版社，1996.

[11] 王卫东. 现代化进程中的教育价值观[M]. 北京：中国社会科学出版社，2002.

[12] 雅斯贝尔斯. 什么是教育[M]. 邹进，译. 北京：生活·读书·新知三联书店，1991.

[13] 霍尔，戴维斯. 道德教育的理论与实践[M]. 陆有铨，魏贤超，译. 杭州：浙江教育出版社，2003.

[14] 尤尔根·哈贝马斯. 交往行为理论(第一卷)[M]. 曹卫东，译. 上海：上海人民出版社，2004.

后记　这些年，这些人，这些事……

　　经过19年的工作，经过半年多的整理，这本书现在呈现在你面前。虽然还有很多缺憾，也没有宏大的理论架构和精致的教育叙述，但终究更多的是"分娩"的快乐。

　　19年的时间说长不长，但确实可以承载我记忆犹新的关于研究的几件事情——

　　我刚开始参加工作时是在杭州市木场巷小学，学校很小（以至于现在已经被合并了），但研究气氛浓郁。我清楚地记得潘月华老师为了一节公开课而忙碌到深夜，为我一篇小文章得了奖而兴冲冲地跑回来告诉我的情形；我清楚地记得王杨燕老师面对中央教科所专家时的底气，这也是我认定"研究的热情"和"独立思考"才是小学教师研究基点和主要源头。

　　我清楚地记得李绍才校长如何一步步邀请专家规范我们的研究；和紫阳小学的科研同仁相处时间很短，但友情从来都不是以时间为标准的；我也清楚地记得当时听到方展画院长一句"那就延期"时的惊诧和刘力教授龙飞凤舞的鉴定结果。

　　我更清楚地记得到学前教育部工作后对"0—3岁儿童的支持性系统"的建构，耳闻目睹蒋莉局长的工作热情、敏锐思维和对研究的尊重。

　　难以忘记的还有罗永军校长每天念叨的"研究"、"脑科学"、"无边界"；难以忘记当时翻阅《整体优化教育的理论与实践》时的汗颜（虽然那本书我在中师学习的时候就曾经翻过）……

　　难以忘记楼朝辉校长对教师成长的高度关注，对每个老师的包容和期待。

当然，还有我的每一届学生，他们让我越来越觉得，很多时候，学生对老师的贡献，要远远大于老师对学生的指导。感谢所有的学生！你们曾无数次告诉我应该怎样做教师。虽然这本书讲的是教师的研究，但我们首先是教师，而后才有研究。

感谢每一位学校的同事，我一直从大家身上汲取学习的力量。"三人行，必有我师"，每一位同事的教育实践都不停地告诉我，教育还可以这样做。

我总是想，在合适的时间遇到合适的人，真是人生的幸运，而我，竟然一再重复这类相逢，怎能不感慨生活的慷慨！

当然，回忆"分娩"的过程，我还要特别感谢——

施民贵老师对我的不时提醒，施老师的学习热情，永远是我需要学习的。

亲爱的夫人和儿子，为我提供了足够的温暖和快乐，夫人欣赏的眼神和儿子"DAD"的称呼胜过世上所有最美丽的诗歌。

鼓足勇气，试一试！于是，你看到了这本书。

书中描写的这些事情，都是我亲身经历的。它们，不时浮现在我的脑海中，给我更多思考的视角，更多对教育的回味。

最后，我要感谢为本书出版付出智慧的编辑，以及其他我可能不知道的人！

你在书中看我，我在书中看你。

真诚谢谢您的阅读。

庞科军
甲午深秋于一得斋